Schlagfertigkeit für Anfänger:

Wie Sie die Kunst der Schlagfertigkeit meistern, selbstsicher auftreten und immer wordgewandt kontern. Mit den richtigen Techniken Schlagfertigkeit im Alltag meistern.

Gil Siegert

Inhaltsverzeichnis

Vorwort 1
    Für wen dieses Buch geeignet ist 1

Warum wir so sind, wie wir sind - eine Analyse des eigenen Selbstbildes 4
    Meditieren 8
    Wie kann einem Meditieren bei der eigenen Schlagfertigkeit weiterhelfen? 9
    Stehst Du Dir selber im Weg? 12
    3 Tipps, um limitierende Glaubenssätze aufzulösen und schlagfertiger durchs Leben zu gehen 16
    Einschränkende Glaubenssätze auflösen und schlagfertiger durchs Leben gehen 23
    Ist die Körpersprache wirklich alles? 27
    Der radikal ehrliche Mittwoch - Du bist es wert! 30
    5 effektive Strategien für mehr Schlagfertigkeit 31
    10 Übungen & Tipps für mehr Schlagfertigkeit 38
    Humor 45
    Schlagfertig als Frau? Aber doch, selbstverständlich! 49
    Ein kleines Schlusswort zum Ende! 52

Vorwort

Wir alle kennen diese Menschen. Sie betreten den Raum und gewinnen gleich die ganze Aufmerksamkeit für sich. Ihnen fällt auch zu jedem dummen Spruch eine passende und schlagfertige Antwort ein. Willst Du auch zu einem dieser Menschen werden? Dann ist dieses Buch genau perfekt für Dich geeignet! In den meisten Fällen müssen wir einfach nur dazu bereit sein die ersten Schritte zu gehen.

Wenn wir das machen, werden wir bemerken, dass wir einen sehr großen Schritt weiter kommen und auch viel schneller und schlagfertiger auf gewisse Fragen und Sprüche antworten können. Niemand hört abwertende Sprüche gerne. Gerade, wenn sie uns emotional treffen, kann es schon mal brenzlich werden.

Umso wichtiger ist es, dass wir einen Plan davon haben, wie wir mit so einer Situation umgehen. Hierbei wird Dir dieses Buch weiterhelfen! Im ersten Schritt ist es wichtig, dass wir die richtige Basis schaffen! Nur so können wir stabil und effektiv aufbauen.

Das kann ein bisschen Zeit und Energie erfordern, aber ich kann Dir versichern, dass es sich auf jeden Fall auszahlen wird. Auch Geduld sollte man an dieser Stelle auf jeden Fall mitnehmen. Man wird nicht einfach so von heute auf morgen schlagfertig werden.

Für wen dieses Buch geeignet ist

Dieses Buch richtet sich vor allem an Menschen, die ihre Schlagfertigkeit trainieren wollen. Hierbei spielt es keine Rolle, ob Du ein Mann oder eine Frau bist. Wichtig ist einfach nur, dass Du nicht erwartest, dass von heute auf morgen ein Wunder entsteht, sondern Du auch bereit bist, über einen längeren Zeitraum daran zu arbeiten.

Daher richtet sich dieses Buch in erster Linie an Menschen, die sich bewusst sind, dass es keine Wunderpille gibt. Auch Tony Robbins ist nicht über Nacht aufgestanden und wurde dann zu dem bekanntesten Speaker überhaupt. In den meisten Fällen steckt jahrelange Arbeit hinter solchen Persönlichkeiten und darüber sollte man sich auch bewusst werden.

Wer schlagfertig antworten kann, ist in der Regel auch selbstbewusst und von sich und seinen eigenen Werten überzeugt. Erst wenn man dazu bereit ist, wird man einen sehr großen Schritt weiterkommen und auch verstehen, dass es im Grunde gar nicht so schwer ist. Wenn Du auf der Suche nach einer Wunderpille bist, kannst Du dieses Buch gleich in die Ecke schmeißen.

Sicherlich sind die richtigen Strategien und Sprüche wichtig, aber diese werden Dir persönlich erst dann etwas bringen, wenn Du dazu bereit bist, ein eigenes und festes Fundament aufzubauen. Daher werde ich mit diesem Buch auch genau so ansetzen. Wir kümmern uns zuerst um die Basis, bis wir weitermachen.

Das kann in einigen Fällen ein bisschen Zeit kosten, aber ich garantiere Dir, dass es sich auf jeden Fall lohnen wird. Dann kannst Du nämlich auch im Endeffekt viel leichter die Werkzeuge anwenden, die ich Dir im Verlauf dieses Buches selbstverständlich vorstellen werde.

Falls Du bei einer Sache das Gefühl hast mehr Übung zu benötigen, solltest Du Dir diese auch auf jeden Fall nehmen! Somit wirst Du im Endeffekt viel weiter kommen und solltest auch dafür sorgen, dass Du Deine eigene Schlagfertigkeit immer besser und besser trainieren kannst. Du solltest Dir vor Augen führen, dass Du damit viel weiter kommen wirst und auch langfristig die besseren Ergebnisse erreichst.

Auch das kann ein bisschen Zeit kosten, aber diese solltest Du Dir auf jeden Fall nehmen. Einfach einen Spruch auswendig zu lernen und dann zu hoffen, dass man für immer schlagfertig bleibt, ist ziemlich naiv. Mit diesen Worten wünsche ich Dir viel Spaß beim Lesen und selbstverständlich auch viel Erfolg!

Warum wir so sind, wie wir sind - eine Analyse des eigenen Selbstbildes

Wir leben in einer Gesellschaft, wo wir die ganze Zeit auf der Suche nach der eigenen Identität sind. Wir machen uns die ganze Zeit Sorgen und Gedanken, was andere Menschen über uns denken. Gerade die Identifikation mit dem eigenen Beruf und den Gedanken darüber hat in den letzten Jahren immer mehr zugenommen. So hat beispielsweise die Weltgesundheitsorganisation Stress als Volkskrankheit angesehen.

Doch wie kommt das? Wie können Kinder, die in Thailand kaum etwas haben, glücklicher sein als wir, und welche Auswirkungen hat das auf unser Leben wie auch auf unsere eigene Schlagfertigkeit? Wenn man das Gefühl hat, dass man im Alltag einfach nicht schlagfertig genug ist, sollte man sich immer wieder die Frage stellen, warum das der Fall ist.

Selbstverständlich kann ein falsches Umfeld auch dazu beitragen, aber es ist nicht alles! Gerade, wenn man noch am Anfang steht, wird man bemerken, dass auch das eigene Selbstbild einen großen Einfluss darauf hat. Genau deswegen will ich am Anfang dieses Buches eine kritische Analyse von dem eigenen Selbstbild darstellen. Danach werde ich Dir zeigen, wie Du Schritt für Schritt limitierende Glaubenssätze auflösen kannst. Auch das ist nicht so einfach, aber ich kann Dir versichern, dass es Dich viel weiterbringen wird und Du viel einfacher und schneller damit umgehen kannst, wenn Du Dir erst mal die richtigen Sachen vorgenommen hast.

Daher ist es wichtig, dass man im ersten Schritt sich selbst und sein eigenes Denken immer wieder kritisch hinterfragt. Wenn man das macht, wird man einen sehr großen Schritt weiterkommen und auch bemerken, dass es im Grunde gar nicht so schwer ist, wenn man es erst mal richtig gemacht hat. Doch woher kommt das eigene Selbstbild und welchen Einfluss kann so ein Selbstbild auf das gesamte Leben haben?

Das ist eine sehr gute Frage, die wir in diesem Kapitel selbstverständlich beantworten werden. Hierfür müssen wir einen kleinen Sprung in die eigene Kindheit machen. Die meisten von uns haben ein ganz bestimmtes Selbstbild von unseren Eltern vermittelt bekommen. Das kann sich positiv wie auch negativ auf das eigene Leben auswirken. Ich werde Dir nach diesem Kapitel noch ein ziemlich gutes und praktisches Tool mit an die Hand geben, was Dir dabei weiterhelfen wird, Dich von diesem limitierenden Selbstbild zu distanzieren und dann ganz neue Eigenschaften in Dir zu erkennen, die Du zuvor noch gar nicht gesehen hast.

Das braucht Zeit, aber lohnt sich alle Male! Du kannst Dir jedes neu geborene Kind wie ein weißes Blatt Papier vorstellen. Im Grunde steckt in jedem Kind das volle Potenzial, um mehr herauszuholen und wirklich das Beste aus dem Leben zu machen. Wichtig ist nur, dass man auch wirklich dazu bereit ist. Das Problem an dieser Stelle ist, dass dieses Blatt Papier meistens von den Eltern voll bemalt wird. Das eigene Kind hat somit in den meisten Fällen gar keine Möglichkeit, um sich selbst zu entfalten und wirklich das Beste herauszuholen.

Genau deswegen ist es so wichtig, dass man sein eigenes Selbstbild immer wieder hinterfragt und sich auch immer wieder fragt, woher diese Ängste und Zweifel kommen, die uns selbst davon abhalten das zu machen, was wir wirklich machen wollen. Auch, wenn wir uns selbst eingestehen müssen, dass es unsere Eltern sind, ist das wirklich kein Problem! In den meisten Fällen ist das sogar positiver, da wir dann im nächsten Schritt viel besser und einfacher diese Glaubenssätze wieder auflösen können.

Gerade Frauen und junge Mädchen lassen sich in diesem Bereich ziemlich stark einschränken. Sie denken beispielsweise, dass sie auf eine bestimmte Art und Weise denken oder handeln müssen. Wenn man jedoch als Frau wirklich schlagfertig und selbstbewusst werden will, muss man sich im ersten Schritt von genau diesen Glaubenssätzen lösen.

Aber auch die Männer unter uns haben es nicht einfacher. Ihnen wird schon von Kindesbeinen an erzählt, dass sie immer wieder Leistung abliefern müssen. Dass dies auf Dauer nicht gut gehen kann, sollte jedem Menschen bewusst sein. Es sind in den meisten Fällen die kleinen aber sehr emotionalen Dinge im Alltag in unserem Unterbewusstsein manifestiert.

Auch unser eigenes Selbstbild ist in den meisten Fällen nur ein Spiegel von unserem Unterbewusstsein. Dieses Unterbewusstsein speichert alle Gedanken, die uns als wichtig erscheinen. So passiert es beispielsweise auch, dass wir uns in einer bestimmten Situation komplett anders verhalten, als wir es eigentlich wollten. Es ist in den meisten Fällen unser Unterbewusstsein, das uns steuert und nicht wir selbst. Sich darüber bewusst zu werden ist von besonderer Bedeutung, denn dann können wir viel einfacher und schneller Einfluss nehmen und auch dafür sorgen, dass wir viel spontaner und schlagfertiger reagieren können.

Ich werde Dir im Verlauf dieses Buches selbstverständlich Techniken mit an die Hand geben, die Dir dabei weiterhelfen werden. Wichtig ist jedoch, dass wir im ersten Schritt ein Grundverständnis aufbauen. Du kannst es Dir wie beim Bau eines Hauses vorstellen. Zuerst muss das Fundament aufgebaut werden, damit man später auch das Dach aufsetzen kann. Das kann natürlich ein bisschen Zeit und Energie in Anspruch nehmen, aber ich kann Dir versichern, dass es sich auf jeden Fall auszahlen wird.

Zu verstehen, woher das eigene Selbstbild kommt, kann für die meisten Menschen nicht so einfach sein. Das bedeutet nämlich zugleich, dass man sich selbst immer wieder hinterfragen muss und auch das, was man tut. Wir Menschen halten jedoch liebend gern an den Sachen fest, die wir tun und denken. Umso wichtiger ist es, dass man diesen Prozess versteht.

Ich werde noch mal in einem späteren Kapitel explizit darauf eingehen, wie eigentlich Glaubenssätze entstehen und was man genau dagegen machen kann. Gerade die eigenen Glaubenssätze können einen selber immens darin einschränken wirklich schlagfertig zu sein, und auch das zu machen, was man wirklich ursprünglich machen will. Genau deswegen ist es wichtig, dass man an dieser Stelle ansetzt und auch genau weiß, was für einen persönlich wichtig ist.

Psychologen haben nämlich herausgefunden, dass wir 60.000 Gedanken am Tag denken. Jetzt kommt die erschreckende Wahrheit: Davon sind gerade einmal 6 % positiv und brauchbar. Den Rest kann man wirklich sprichwörtlich in die Tonne werfen. Genau deswegen ist es wichtig, dass man an dieser Stelle ansetzt und auch dafür sorgt, dass man Schritt für Schritt weiter kommt.

Ein Großteil der Menschen ist jedoch nicht dazu bereit diesen Schritt zu gehen. Sie halten viel zu gern an den Dingen fest, die man ihnen auf den Weg gegeben hat. Gerade, wenn es um die eigenen Gedanken wie auch das eigene Handeln geht, scheinen die meisten Menschen genau zu wissen, was für sie gut und richtig ist.

Wenn man sehr vielen Leuten auf der Straße folgende Frage stellen würde: „Wer bist Du?" Würden die meisten Menschen mit ihrem Beruf antworten. Gerade in westlichen Ländern ist dieses Phänomen immer häufiger zu beobachten. Doch was passiert, wenn genau diese Dinge wegfallen? Die meisten Menschen würden auf diese Frage keine ehrliche Antwort kennen, denn das würde bedeuten, dass sie sich selbst eingestehen müssten, dass sie sich nur ein ganzes Leben eingeredet haben, wer sie sind.

Die eigenen Denkmuster immer wieder infrage zu stellen, kann einem ziemlich dabei weiter helfen schlagfertiger im Leben das zu werden und genau das zu erreichen, was man wirklich will. Du wirst auch merken, dass Du Dir selbst sehr viel Stress nehmen wirst und dafür sorgen wirst, dass Du nicht mehr so lange für eine spontane und schlagfertige Antwort brauchst.

Meditieren

Manchmal muss man einfach aus seinem eigenen Geist heraus kommen, um wirklich schlagfertig zu werden. Eine sehr alte und dennoch effektive Technik hierbei ist das Meditieren. Das wird Dir dabei helfen, Dich von Deinem Selbstbild zu distanzieren und somit viel einfacher und schneller in spontanen Situationen eine passende Antwort zu finden.

Gerade, wenn man ein Mensch ist, der viel zu viel nachdenkt und in seinem Kopf nicht wirklich Ruhe finden kann, sollte man es sich zur Gewohnheit machen, immer wieder zu meditieren. Somit wird man einen sehr großen Schritt weiterkommen und bildet auch die perfekte Basis, damit man sich selbst nicht mehr an die eigenen Gedanken festhält.

Für die meisten Menschen scheint es gar nicht so einfach zu sein, mit dem Meditieren anzufangen. Es kann zu Beginn auch noch sein, dass Dir viele verschiedene Gedanken im Kopf herumschwirren werden. Genau aus diesem Grunde sollte man etwas dagegen unternehmen, um das Beste herauszuholen und auch dafür zu sorgen, dass man nicht mehr bei Kleinigkeiten in Stress verfällt.

Die altbuddhistische Tradition hat in der Psychologie schon längst ihr Zuhause gefunden. Wir können viel von ihr lernen und auch verdammt viel mitnehmen, wenn wir dazu bereit sind. Dafür müssen wir uns jedoch öffnen. Wir müssen dazu bereit sein unsere eigenen Glaubenssätze über Bord zu schmeißen, und die ganze Sache aus einer ganz anderen Perspektive zu betrachten. Gerade, wenn es um unsere eigenen Gedanken geht, identifizieren wir uns die ganze Zeit damit, was im Endeffekt dafür sorgt, dass wir keinen einzigen Schritt weiterkommen, und auch nicht so einfach und schnell vor anderen Menschen schlagfertig und spontan auftreten können.

Die meisten Menschen haben Schwierigkeiten damit einmal beginnen. Auch wenn der Anfang erst mal schwerfallen kann, wird man sich von Mal zu Mal verbessern. Man wird auch verstehen, dass es im Grunde gar nicht so schwierig ist und dass man einfach nur eine Gewohnheit entwickeln muss. Daher sollte man so schnell wie möglich anfangen.

Auch, wenn Du am Anfang noch sehr viele Gedanken hast, die in Deinem Kopf herumschwirren, ist das vollkommen in Ordnung! Wichtig ist nur, dass Du nicht direkt emotional wirst und anfängst, Dich die ganze Zeit mit diesen Gedanken zu identifizieren. Du wirst auch merken, dass Du einen großen Schritt weiterkommen wirst, wenn Du einfach damit beginnst, Deine Gedanken zu beobachten, denn genau darum geht es auch!

Wenn Du damit beginnst, Deine Gedanken zu beobachten, wirst Du einen sehr großen Schritt weiterkommen und auch bemerken, dass es im Grunde gar nicht so schwer ist. Im Folgenden werde ich Dir eine Anleitung mit an die Hand geben, die Dir genau hierbei weiterhelfen wird.

Wie kann einem Meditieren bei der eigenen Schlagfertigkeit weiterhelfen?

Meditieren und Schlagfertigkeit werden nur sehr, sehr selten zusammengebracht. Man kann jedoch Meditation perfekt dafür nutzen, um im Alltag schlagfertiger zu werden und viel einfacher und schneller das zu erreichen, was man ursprünglich wollte. Gerade im Alltag bemerken wir, dass uns unsere Gedanken einfach nicht in Ruhe lassen wollen. Wir machen uns über jede Kleinigkeit Sorgen und wundern uns dann, warum es nicht besser wird.

Da wir so oft in unserem Alltag in unseren eigenen Gedanken festsitzen und nicht wirklich weiterkommen, hat das zur Folge, dass wir auch nicht spontan und schlagfertig auf einen Spruch antworten können. Genau deswegen ist es wichtig, dass wir uns diese Abhängigkeit Stück für Stück abtrainieren. Meditieren ist hierfür das beste Tool.

Du musst kein Buddhist sein, um zu meditieren. So gut wie jeder kann meditieren! Wichtig ist nur, dass man einfach nur anfängt. Unser Gehirn ist ein Meister darin alles zu rationalisieren, und genau deswegen ist es wichtig, dass wir die Sachen selber in die Hand nehmen, um das Beste herauszuholen.

Selbstverständlich werden sich nicht schon nach dem ersten Tag unglaubliche Ergebnisse einstellen. Du wirst aber merken, dass Du von Mal zu Mal besser werden wirst. Es braucht selbstverständlich ein bisschen Zeit, bis Du es mit dem Meditieren wirklich drauf hast. Das ist vollkommen verständlich. Spätestens nach wenigen Tagen beziehungsweise Wochen wirst Du aber bemerken, dass Du viel besser und einfacher meditieren kannst und dass es Dir persönlich auch viel besser gehen wird.

Richtig meditieren und sich von limitierenden Glaubenssätzen befreien - so funktioniert es

Die Vorbereitung: Sich richtig vorzubereiten kann einen sehr großen Unterschied machen. Man wird auch bemerken, dass man einen sehr großen Schritt weiterkommen wird und viel schneller und einfacher das erreichen kann, was man auch ursprünglich will. Die meisten Menschen meditieren im Schneidersitz. Du kannst auch den Lotussitz auswählen, wenn Du Dich dabei wohler fühlst. Wichtig hierbei ist nur, dass Du eine Position auswählst, die Dir persönlich gut tut und auch dafür sorgt, dass Du Dich ganz einfach und schnell von Deinen Gedanken distanzieren kannst. Wenn Du magst, kannst Du an dieser Stelle auch Deine Augen schließen und erst mal für ein paar Minuten beobachten, ob Du Dich selbst in dieser Situation wirklich wohlfühlst.

Eine feste Tageszeit: Du musst nicht jeden Tag auf die Sekunde genau meditieren. Das würde Dich auch keinen einzigen Schritt weiterbringen, sondern dafür sorgen, dass Du noch mehr Stress in Deinem Leben bekommen würdest. Viel wichtiger ist es, dass man aus dem Meditieren eine Routine macht. So fällt es einem von Tag zu Tag auch viel leichter, sich einfach mal hinzusetzen und für ein paar Minuten die Augen zu schließen. Daher solltest Du Dir immer eine feste Tageszeit aussuchen. Somit kommst Du einen sehr großen Schritt weiter und sorgst auch dafür, dass Du viel schneller und einfacher das erreichen kannst, was Du wirklich willst.

Stelle Dir einen Wecker: Viele Menschen haben Angst mit dem Meditieren anzufangen, weil sie dann befürchten, dass sie einschlafen und sie es dann beispielsweise nicht mehr zur Arbeit schaffen. Auch, wenn das in der Praxis ziemlich selten passiert, kann man schnell etwas unternehmen, um dagegen vorzugehen. Du brauchst einfach nur einen Wecker und kannst diesen dann auf die Zeit einstellen, in der Du mit Deiner Meditation fertig sein willst. Das kann bei jedem selbstverständlich anders sein. Die einen meditieren länger und die anderen kürzer. Hier muss jeder selbst auswählen was für einen richtig oder falsch ist. Die Praxis hat jedoch gezeigt, dass es einfacher ist, wenn man die Messlatte am Anfang nicht zu hoch ansetzt. Ich persönlich verzichte beim Meditieren immer auf einen Wecker, da mich so ein Gerät nur noch mehr stressen würde. Aber für viele Menschen ist ein Wecker eine super Möglichkeit, um immer die Zeit im Überblick zu behalten und sich beim Meditieren gleichzeitig keine Sorgen mehr um die Zeit machen zu müssen.

Konzentriere Dich auf Deinen Atem: Im Alltag schweifen wir die ganze Zeit von unseren Gedanken ab. Wir machen uns über dies und jenes Gedanken. Gerade, wenn wir viel unterwegs sind oder eine stressige Phase in unserem Leben haben, scheinen diese Gedanken einfach nicht zu verschwinden. Daher ist es wichtig, dass man rechtzeitig etwas dagegen unternimmt, um weiter zu kommen und wirklich das zu erreichen, was man möchte. Das kann für jeden anders aussehen. Sich auf seinen Atem zu konzentrieren hilft einem dabei weiter, wieder zur Mitte zu finden, und endlich das zu machen, was man wirklich will. Das Atmen ist beim Meditieren der Hauptkern und genau deswegen sollte man sich darauf fokussieren. Welche Atemtechnik man selber anwendet, kann bei jedem anders aussehen. Es kann am Anfang noch schwierig erscheinen sich auf den Atem zu konzentrieren, da die Gedanken einfach nicht verschwinden wollen. Ich kann Dir aber versichern, dass das nur eine Sache der Übung ist. Du wirst von Mal zu Mal bemerken, dass Du besser werden wirst und auch viel einfacher und schneller das erreichen kannst, was Du eigentlich willst. Daher solltest Du Dich persönlich nicht so einfach davon irritieren lassen, wenn nicht direkt am Anfang alles so läuft, wie Du es Dir vorgestellt hast.

Stehst Du Dir selber im Weg?

Wer kennt das nicht? Man will eine bestimmte Sache angehen und macht sich sofort Gedanken darüber, was andere Menschen über einen selbst, wie auch die eigenen Pläne, denken könnten. Selbstzweifel sind in den meisten Fällen die Ursache, warum wir uns nicht schlagfertig fühlen, und die ganze Zeit das Gefühl haben, angegriffen zu werden. Sowohl physisch als auch psychisch. Genau deswegen ist es wichtig, dass man auch bei Schlagfertigkeit nach den Ursachen nachforscht.

In den meisten Fällen stehen wir uns dabei selber im Weg. Gerade das, was wir über uns selbst denken, kann in den meisten Fällen dazu führen, dass wir uns selbst vor anderen nicht sicher fühlen. Deswegen ist es wichtig, dass wir an unseren Glaubenssätzen arbeiten. Glaubenssätze sind manifestierte Sätze, die sich meistens in unserem Unterbewusstsein festsetzen.

Daher sollte man auch immer nach den Ursachen forschen und herausfinden, an welchen Stellen man an sich selbst zweifelt, um das Beste aus der Situation heraus zu holen, und sich auch vor anderen Menschen behaupten zu können. Gerade, wenn man immer wieder in Konflikt mit anderen Menschen kommt, wo man sich behaupten will, sollte man sich zuerst fragen, warum man sich in dieser Situation überhaupt rechtfertigen will.

Das ist auch der Grund warum ich dieses Buch von innen nach außen gestalten wollte. Gerade, wenn man etwas im Außen verändern will, ist es wichtig, dass man auch bei sich und seinem eigenen Seelenleben anfängt. So wird man auch wirklich weiter kommen und wird sich vor allem auch selber kennenlernen. Das ist der wichtigste Part. Wenn man sich selber im Leben nicht kennt, wird man auch nicht sonderlich vorankommen.

Doch woher kommen eigentlich diese Glaubenssätze und was kann man dagegen tun? Wenn man bei sich ein bisschen in die Vergangenheit schaut, wird man sehr schnell bemerken, dass sich die Kernglaubenssätze vor allem in der eigenen Familie gebildet haben. Du kennst das bestimmt auch. Du willst ein großes Projekt angehen und auf einmal sagt Deine Mutter oder Dein Vater: „Ach, lass das lieber. Geh lieber lernen". Gerade, wenn Jugendliche ihr eigenes Ding durchziehen wollen, bemerken sie schnell, dass sie nicht wirklich weit kommen.

Genau deswegen besteht der erste Schritt darin, dass man seine negativen Glaubenssätze anerkennt, damit man sie im nächsten Schritt gegen Positive umtauschen kann. Das kann eine Weile dauern, aber gerade, wenn man sich vorgenommen hat, schlagfertig zu werden, ist das von wichtiger Bedeutung. Gerade, wenn man Kernglaubenssätze verändern will, kann das erst mal ein bisschen Zeit mit erfordern, aber ich kann Dir versichern, dass sich diese investierte Zeit auf jeden Fall auszahlen wird.

Gerade, wenn man schlagfertig werden will, ist es von enormer Bedeutung, dass man erst mal an seinen eigenen Glaubenssätzen arbeitet. Glaubenssätze sind anders ausgedrückt einfach nur Grenzen in unserem Kopf. Es sind Muster und Verallgemeinerungen, die dafür sorgen, dass wir uns bestimmte Sachen nicht trauen oder uns selbst Sachen schlecht zu reden.

Wer wirklich schlagfertig werden will, sollte auch auf jeden Fall an sich selbst arbeiten und schauen, was er tagsüber denkt. Psychologen und Soziologen haben schon vor Jahren herausgefunden, dass wir 60.000 Gedanken am Tag denken. Davon sind aber 6 % positiv und brauchbar. Der Rest kann sprichwörtlich in die Tonne geschmissen werden. Doch wie kommt das? Warum reden wir uns die ganze Zeit schlechte Sachen zu?

Der Umgang mit uns selbst spiegelt sich in sehr vielen Fällen auch mit anderen Menschen, und daher sollten wir unbedingt an dieser Stelle ansetzen. Erst, wenn man sich richtig von innen stärken kann, kann man auch im Äußeren stark sein. Damit man seine Glaubenssätze verändern kann sollte man erstmal herausfinden, was einen plagt. Damit Du einen besseren Überblick darüber hast, haben wir für Dich die meisten destruktivsten Glaubenssätze für Dich aufgelistet, die sich die meisten Menschen im Alltag zusprechen:

- „Niemand mag mich."
- „Ich werde immer übersehen."
- „Mir gelingt so gut wie nichts."
- „Ich bin sehr unbeliebt."
- „Ich bin ein Außenseiter."
- „Das Leben ist immer schwierig."
- „Geld muss man sich hart erarbeiten."
- „Ohne Fleiß kein Preis."
- „Im Leben bekommt man nichts geschenkt."
- „Wahre Freundschaft gibt es in Wirklichkeit nur unter Männern."

- „Ich muss mich zusammenreißen und darf meine Gefühle nicht zeigen."
- „Wenn ich schüchtern bin, nimmt mich niemand ernst."
- „Im Leben braucht man Ellenbogen, weil das Leben an sich ein Kampf ist."
- „Ich schaffe das einfach nicht."

Gerade, wenn man schlagfertig werden will, ist es besonders wichtig, dass man herausfindet, was einem selbst davon abhält. In den meisten Fällen sind wir es selber. Wir machen uns zu viele Gedanken, was andere Menschen von uns halten und denken. Genau deswegen ist es wichtig, dass wir an diesem Punkt ansetzen und von da aus unsere eigenen Gedanken über uns selbst verändern.

Doch wie kann man seine eigenen Glaubenssätze verändern und dadurch schlagfertiger durchs Leben gehen? Das ist eine Frage, die vor allem die Frauen beschäftigt. Aber auch Männer fragen sich immer wieder, wie sie schlagfertiger auftreten können, und sich auch nicht jeden Spruch von ihren Freunden gefallen lassen müssen.

In den meisten Fällen hat das etwas mit der eigenen Einstellung zu sich selbst zu tun. Wenn man sich selber mehr respektiert, wird man auch bemerken, dass man auch einen komplett anderen Eindruck hinterlässt. Man wird auch bemerken, dass es einen selber nicht so schwer fallen wird, schlagfertiger aufzutreten, und wirklich das zu sagen, was einem auf der Seele liegt.

Doch im ersten Schritt muss man dafür sorgen, dass man genau diese limitierenden Glaubenssätze gegenüber sich selbst auflösen kann. Erst dann wird man weiterkommen und auch bemerken, dass man viel schlagfertiger vor anderen Menschen auftreten kann. Daher sollte man bei seinen eigenen Glaubenssätzen ansetzen, um wirklich das Beste herauszuholen und dafür zu sorgen, dass man sich nicht mehr allzu Gedanken darüber macht, was andere Menschen über einen denken.

3 Tipps, um limitierende Glaubenssätze aufzulösen und schlagfertiger durchs Leben zu gehen

Die gute Nachricht ist, dass man schnell etwas gegen limitierende Glaubenssätze unternehmen kann. Man muss nur selbst die Bereitschaft mitbringen, um etwas zu unternehmen und auch selbst aktiv zu werden. Von alleine werden sich diese Glaubenssätze nicht auflösen, wenn man nicht dazu bereit ist, selbst was zu unternehmen.

1. Glaubenssätze erkennen

Der erste Schritt besteht darin, dass man seine limitierenden Glaubenssätze anerkennt, und nicht versucht, diese zu vertuschen. So etwas bewirkt im Endeffekt genau das Gegenteil von dem, was man anstrebt. Erst, wenn man dazu bereit ist, diese Glaubenssätze anzuerkennen und auch zu sehen, dass diese Sätze bei einem selbst vorhanden sind, wird man weiterkommen und auch verstehen, dass man genau diese Sätze umwandeln kann. Damit man aber genau diese Glaubenssätze in positive und bestärkende Sätze umwandeln kann ist es wichtig, dass man diese im ersten Schritt anerkennt. Wenn es um das Thema „Schlagfertigkeit" geht, wird es von den meisten Menschen missverstanden. Die meisten Menschen verstehen unter Schlagfertigkeit, dass man immer einen bestimmten Spruch auf Lager hat. Wenn man jedoch wahrhaftige Schlagfertigkeit aufbauen will, muss man sich auch über seine eigenen Stärken wie auch Schwächen bewusst sein. Über dieses Thema werde ich noch mal in einem separaten Kapitel sprechen. Wenn man jedoch ein Problem lösen will, besteht der erste Schritt immer darin dieses Problem auch offen und ehrlich anzusprechen und darüber reden zu können, was einen stört. Das können beispielsweise auch negative Glaubenssätze sein, die nicht zu einem hohen Selbstwertgefühl beitragen und auch nicht dafür sorgen, dass man vor anderen Menschen schlagfertig auftreten kann. Doch wie kann man überhaupt erkennen, dass man einen Glaubenssatz hat und diesen im nächsten Schritt auflösen? Dieser Schritt scheint auf den ersten Blick gar nicht so einfach, wenn man sich noch nicht damit auseinandergesetzt hat. Aber auch das NLP (Neurolinguistisches Programmieren) wie die positive Psychologie liefern uns sehr viele Ansatzpunkte. Mit denen können wir weiter arbeiten, und diese werden uns auch helfen, unsere eigenen Glaubenssätze besser zu erforschen. Schlagfertigkeit kann man lernen. Man muss im ersten Schritt nur dazu bereit sein, auch etwas dafür zu tun. Gerade, wenn man negative Glaubenssätze aufspüren will, ist es wichtig, dass man im ersten Schritt nach Verallgemeinerungen Ausschau hält. Gerade im Alltag verwendet man immer wieder unbewusst Verallgemeinerungen. Da unser Gehirn immer wieder Energie sparen will, sorgt es dafür, dass wir immer nur den Weg des geringsten Widerstands gehen. Auch unsere eigene Umgebung spielt hierbei eine besonders große Rolle, wenn wir uns in einem bestimmten Umfeld befinden und uns dann auf eine ganz eigene Art und Weise verhalten. So verwenden wir beispielsweise mit unseren besten Freunden ganz bestimmte Redewendungen oder Sprüche. Auch diese Muster anzuerkennen, gehört zum Prozess, um die eigenen Glaubenssätze Stück für Stück zu verändern. Glaubenssätze sind keine Sache, die man von heute auf morgen verändern kann. Man muss nicht nur Bereitschaft haben diese zu verändern, sondern vor allem auch Zeit einkalkulieren. Auch die Bereiche im Leben anzusprechen, wo man wirklich unzufrieden ist, ist von wichtiger Bedeutung. So wird man Schritt für Schritt weiterkommen und auch verstehen, dass man auch selber Einfluss auf sein Leben nehmen und auch etwas verändern kann, wenn man es will. Darüber hinaus ist es auch wichtig die Ursachen hierfür zu ermitteln. In den meisten Fällen kann man in vielen Situationen nicht einfach spontan und flexibel schlagfertig reagieren. Hier sollte man vor allem nach seinem eigenen „Warum" nachfragen. Die Ursachen können bei jedem selbstverständlich anders aussehen.

2. Du bist für Dich und Dein Leben verantwortlich

Selbstverantwortung und Schlagfertigkeit gehen Hand in Hand. Die meisten Menschen in der westlichen Gesellschaft sind davon überzeugt, dass sie für ihr eigenes Leben verantwortlich sind. Sie gehen jedoch nur von diesem Standpunkt aus, weil sie beispielsweise einem bestimmten Job nachgehen oder einfach nur das machen, was ihnen gesagt wird. Doch bedeutet das wirklich, verantwortlich zu sein? Nein! Wenn man wirklich verantwortlich für sein Leben sein will, bedeutet das auch, dass man für sein eigenes Denken und Handeln zuständig ist. Je nachdem worauf wir unseren Fokus setzen, kommen wir auch genau in diesem Bereich weiter. Wenn Du beispielsweise die ganze Zeit schon schlagfertiger werden wolltest, aber immer noch an Gedankenmuster festhältst, die zu genau dem Gegenteil führen, kommst Du an dieser Stelle auch nicht sonderlich weiter. Deswegen ist es wichtig seine Gedankenmuster nicht nur zu erkennen, sondern auch aktiv an ihnen zu arbeiten. Doch wie funktioniert das eigentlich? Wir suchen für unsere Glaubenssätze immer wieder Beweise. Auch, wenn Du Dir selbst einredest, dass Du nicht schlagfertig sein kannst, suchst Du Dir im Grunde immer selber dafür die nötigen Beweise. Dies anzuerkennen, bedeutet im ersten Moment sein eigenes Denken und auch Handeln zu hinterfragen. Es heißt aber auch, dass wir selbst Einfluss auf unsere Glaubenssätze haben können und genau das ist das Kraftvolle daran! Wenn Du Deine Glaubenssätze zum Positiven verändern willst, musst Du einfach nur nach den nötigen Beweisen suchen. In der Psychologie ist das Prinzip der Selbstwirksamkeit schon sehr lange bekannt und wird auch sehr oft angewendet, um beispielsweise mehr Schlagfertigkeit aufzubauen. Diese Beweise kannst Du selber aufbauen, indem Du Dich öfter in Situationen bringst, wo Du schlagfertig sein kannst. Wenn man am Anfang noch nicht allzu viel Erfahrung hat und auch noch kein großes Selbstbewusstsein aufgebaut hat, kann das für einen selbst eine ziemlich große Herausforderung sein. Genau deswegen ist es unter anderem wichtig, dass man sich in eine Umgebung begibt, in der man gut üben kann. Das können beispielsweise Deine besten Freunde sein. Da Du mit diesen Freunden schon mehr Erfahrung gesammelt hast, ist es auch viel wahrscheinlicher, dass Du beispielsweise auch eine selbstbewusste und schlagfertige Antwort von Dir geben kannst, ohne Dich dabei schlecht zu fühlen. Dieses Verständnis von Schlagfertigkeit zu bekommen ist sehr wichtig, denn nur so kann man sein Leben wirklich in den Griff bekommen und auch dafür sorgen, dass man Schritt für Schritt weiter kommt und am Ende auch viel selbstbewusster und schlagfertiger auftreten kann. Man muss einfach nur damit beginnen und wird dann bemerken, dass es von Mal zu Mal besser wird. Auch, wenn die Praxis, auf die ich später noch mal genauer eingehen werde, nicht so einfach ist, sollte man am besten so schnell wie möglich damit anfangen, um auch auf raschestem Weg die besten Ergebnisse bei der eigenen Schlagfertigkeit zu erzielen. Selbstverständlich werde ich Dir im Verlauf dieses Buchs auch verschiedene Techniken mit an die Hand geben, die Dir dabei weiterhelfen werden schlagfertiger zu werden und auch vor anderen Menschen genauso aufzutreten. Im ersten Schritt ist es jedoch von großer Bedeutung, dass man bei sich selbst und seinen eigenen Glaubenssätzen ansetzt.

3. Schreibe Deine negativen Glaubenssätze um

Wie schon am Anfang dieses Buches erwähnt, kann der Glaube über einen selbst ganz schön viel ausmachen. Umso wichtiger ist es, dass man genau an diesem Punkt ansetzt, um weiter zu kommen und auch herauszufinden, was für einen gut ist und worauf man verzichten will. Wenn wir vor anderen Menschen schlagfertig werden wollen, aber es nicht schaffen, liegt der Grund in den meisten Fällen darin, dass wir es uns selbst einfach nicht zutrauen. Umso wichtiger ist es, dass wir genau an diesem Punkt ansetzen, um weiter zu kommen und auch viel leichter und einfacher vor anderen Menschen aufzutreten. Das Gute an dieser Stelle ist, dass wir selber darauf Einfluss nehmen können, um weiter zu kommen und auch das zu erreichen, was wir uns wirklich vorgenommen haben. Ein aktiver und effektiver Weg um seine Glaubenssätze zu verändern ist, dass man genau diese Glaubenssätze umschreibt. So kann man aktiv Einfluss in seinem Leben nehmen und auch dafür sorgen, dass man vor anderen Menschen nicht mehr so leicht in Selbstzweifeln verfällt. Es sind in den meisten Fällen unsere eigenen Glaubenssätze, die uns davor abhalten das zu sagen, was wir wirklich denken. Und darum geht es in erster Linie immerhin auch bei Schlagfertigkeit. Damit Du einen besseren Eindruck davon bekommst, wie so eine Transformation dieser Glaubenssätze aussehen kann, habe ich einige Beispiele für Dich aufgelistet. Es kann auch von Vorteil sein, wenn man ein paar Regeln verfolgt, um dann mit seinen neuen Glaubenssätzen wirklich Erfolg zu haben und voran zu kommen.

Glaubenssätze transformieren:

- Ich bin unattraktiv! –> **Es gibt Menschen, die mich attraktiv finden**

- Mir gelingt nichts! –> **Ich habe schon einige Hürden in meinem Leben gemeistert und ich werde alles meistern, was ich mir vornehme.**

- Ich bin unbeliebt! –> **Ich kann mit meinem Humor immer mehr Menschen von mir überzeugen und knüpfe damit immer mehr Freundschaften.**

- Man kann niemandem trauen! –> **Ich bin schon sehr vielen Menschen begegnet, denen Vertrauen und Ehrlichkeit wichtig sind. Es gibt sehr viele gute Menschen, mit denen ich Kontakt pflegen will und die ich auch näher kennenlernen möchte.**

- Das Leben ist schwer! –> **Das Leben ist einfach!**

- Ich kann einfach nicht das sagen, was ich wirklich denke –> **Ich sage nur noch das, was ich wirklich denke, ohne dabei jemanden zu beleidigen.**

- Ich kann einfach nichts –> **Ich kann alles.**

- Ich traue mich nicht vor fremden Menschen ehrlich zu sein –> **Ich werde ab jetzt authentisch auf Menschen zugehen.**

- Ich traue mich einfach nicht neue Menschen kennenzulernen –> **Ich lerne jeden Tag neue Menschen kennen und knüpfe somit auch wertvolle Freundschaften.**

- Ich traue mich einfach nichts –> **Ich traue mich alles, was ich will!**

- Ich kann das einfach nicht –> **Ich kann das!**

Fällt Dir etwas auf, wenn Du Deine eigenen Glaubenssätze veränderst? Fühlt sich gleich viel besser an, oder? Man ist gleich in einem ganz anderen Bewusstsein und kommt aus der Angst heraus. Angst ist nämlich einer unserer größten Motivatoren. In der Steinzeit hat unsere Angst dafür gesorgt, dass wir überlebt haben und die Gefahr auch richtig einschätzen konnten. Genau deswegen ist es wichtig, dass wir an dieser Angst arbeiten und auch dazu bereit sind, einen Schritt weiter zu gehen und uns selbst zu hinterfragen. Wer souverän und schlagfertig auftreten will, sollte immer zuerst bei sich selbst ansetzen.

Wenn man seine Glaubenssätze transformieren will, ist es wichtig, dass man an erster Stelle immer im Präsens schreibt. Unser inneres Auge wird es nämlich ganz anders aufnehmen und auch nicht für wichtig anerkennen, wenn Du Dir beispielsweise diesen Glaubenssatz verinnerlichst: „Ich werde schlagfertig werden". Das liegt einfach daran, dass der Zeitpunkt unbestimmt ist und irgendwo in der Zukunft liegt. Daher erkennt unser Gehirn auch keine nötige Relevanz, um an dieser Stelle ins Handeln zu kommen. Abgesehen davon ist es wichtig, dass Du das Wort „nicht" aus Deinem Vokabular streichst. Auch hier hat die Hirnforschung und Psychologie herausgefunden, dass unser inneres Auge das Wort „nicht" einfach nicht erkennen kann. Wenn Du beispielsweise zu Dir selbst sagst, dass Du nicht zunehmen willst, kann dieser Glaubenssatz dazu führen, dass es genau das Gegenteil bewirkt! Das eigene Selbstbild wird sich immer in der Außenwelt widerspiegeln und genau aus diesem Grund sollte man auch an dieser Stelle ansetzen.

Schlagfertigkeit steckt in jedem von uns drin. Wir müssen nur dazu bereit sein diese Schlagfertigkeit immer wieder zum Leben zu rufen, um das Beste herauszuholen und auch das Beste aus der ganzen Sache zu machen. Glaubenssätze wirken immer! Ganz gleich, ob es sich an dieser Stelle um negative oder positive Glaubenssätze handelt. Man muss nur selbst für sich herausfinden, für welche Art von Glaubenssätzen man sich entscheidet. Sicherlich gehören Tricks und der richtige Humor auch dazu. Diese Dinge werden Dir aber nichts bringen, wenn Du kein festes Fundament aufgebaut hast. Genau deswegen ist es wichtig, dass Du an dieser Stelle ansetzt.

Aus jeder Ursache erfolgt ein Ergebnis. Das hat die Psychologie wie auch Physik schon vor mehreren Hundert Jahren herausgefunden. Genau deswegen ist es von so großer Wichtigkeit, dass man seine eigenen Ursachen immer wieder durchsucht und herausfindet, was einen selbst beeinflusst und was nicht. Daher bringt es nichts, wenn man an den richtigen Strategien feilt, wenn das eigene Selbstbild über einen selbst schon abwertend ist.

Mit dem Reframing haben wir ein ganz neues Tool aus dem NLP bekommen, das uns dabei weiterhelfen kann, uns selbst von unseren eigenen einschränkenden Glaubenssätzen zu befreien. Jeder Glaubenssatz von uns hat eine bestimmte Absicht. Diese Absicht muss nicht immer positiv sein, aber sie ist auf jeden Fall vorhanden! Wenn man erst mal seine eigenen unbewussten Absichten erkannt hat, wird man einen großen Schritt weiterkommen und auch bemerken, dass es im Grunde gar nicht so schwierig ist, die eigenen Glaubenssätze auf zu lösen.

Einschränkende Glaubenssätze auflösen und schlagfertiger durchs Leben gehen

Wenn man schlagfertig werden will, sollte man auch dazu bereit sein, sich von seinen einschränkenden Glaubenssätzen zu lösen. Das kann ein bisschen Zeit und Energie kosten, aber ich kann Dir versichern, dass es sich auf jeden Fall lohnen wird!

Außerdem kann man dann viel einfacher an seinem eigenen Auftreten arbeiten. Auch die eigene Körperhaltung kann selbstverständlich viel an der eigenen Schlagfertigkeit verändern, und wie man auf andere Menschen wirkt. Die meisten Einsteiger wissen jedoch nicht wo sie anfangen und aufhören sollen. Genau deswegen ist es wichtig, dass man an dieser Stelle ansetzt und auch weiß, was man machen will. Damit Du es ein bisschen einfacher hast, habe ich eine Übersicht für Dich aufgestellt. Diese Übersicht wird Dir dabei weiterhelfen Dich von Deinen eigenen einschränkenden Glaubenssätzen zu befreien, und somit Stück für Stück schlagfertiger zu werden und Deinen eigenen Zielen näherzukommen.

| 1) Die Absicht des eigenen Glaubenssatzes gegen den Glaubenssatz verwenden | Mit Deinem eigenen Glaubenssatz willst Du Dich in der Regel vor Enttäuschungen schützen. Das ist ein ganz normaler Mechanismus von Menschen. Du glaubst beispielsweise, das, wenn Du versuchst, ohne Abi Karriere zu machen, Du nur scheitern kannst. Es gibt sehr viele verschiedene Beispiele in unserem Leben, die auf diese Angst zurückzuführen sind. Es gibt jedoch an dieser Stelle einen bestimmten Trigger beziehungsweise Fragen, die Du Dir selbst stellen kannst. Ist nicht die wirklich größte Enttäuschung die, es nie zu versuchen das größte Scheitern, und sich selbst so klein zu machen? Ist dieser Glaubenssatz nicht eine Karriere der Selbstentwertung? Diese Fragen sollte man sich auf jeden Fall selbst stellen, um einen großen Schritt weiter zu kommen und auch heraus zu finden, was für einen gut funktioniert und von welchen Glaubenssätzen man sich verabschieden will. |

2) Konsequenz des Beibehaltens	Sich über das eigene Festhalten bewusst zu werden ist auch ein großer Schritt, um weiter zu kommen. In den meisten Fällen halten wir an Glaubenssätzen fest, weil wir Angst vor Veränderungen haben. Wir haben Angst einen bestimmten Schritt zu gehen und tun es deswegen auch nicht. Daher solltest Du Dir die Frage stellen: **Willst Du das?** Willst Du ein ganzes Leben voller Angst leben? Willst Du in Deinem Leben nicht endlich das gesagt haben, was Dir die ganze Zeit durch den Kopf schwirrt? Gerade am Anfang sollte man dazu bereit sein auch seine eigenen Gedanken infrage zu stellen. Eine Frage, die Du Dir auch immer stellen kannst, ist: **Wie viele Chancen hättest Du, wenn Du diesen Glaubenssatz endlich hinter Dir lassen würdest?**
3) Andere Konsequenz	Wenn man seine eigenen Glaubenssätze verändern will, sollte man immer darauf achten, dass man auch dazu bereit ist, sein eigenes Handeln zu hinterfragen. Wenn es beispielsweise andere Konsequenzen für Deine Glaubenssätze gibt, solltest Du diese immer hinterfragen und Dich auch selbst fragen, ob Dich ein Glaubenssatz abhält oder weiterbringt.
4) Umdefinieren	Diesen Punkt hatten wir schon am Anfang des Buches angesprochen. Wenn Du beispielsweise schlagfertiger werden willst, solltest Du nicht nur Deine Glaubenssätze hinterfragen, sondern auch aktiv an ihnen arbeiten. Wenn Du etwas nicht mehr weißt, musst Du einfach nur ein paar Seiten vorblättern und wirst bemerken, dass es im Grunde gar nicht so schwer ist. Das Umdefinieren ist jedoch der erste und aktive Schritt, um selbstbewusster und schlagfertiger vor anderen Menschen aufzutreten.

Schlagfertigkeit für Anfänger

5) Konkretisieren	Wenn wir in eine neue Stadt fahren oder Urlaub in einem neuen Land machen, informieren wir uns ziemlich gut. Wir schauen uns an, was man in diesem Land alles machen kann, und was für einen selbst alles wichtig erscheint. **Warum machen wir es dann nicht auch in unserem eigenen Leben?** Gerade, wenn man an seiner Schlagfertigkeit etwas verändern will, ist es wichtig, dass man auch an sich selbst arbeitet. So wird man es schaffen und man kann sich auch sicher sein, dass man Schritt für Schritt weiterkommen wird. Daher solltest Du für Dich genau definieren, was eigentlich Schlagfertigkeit ist, beziehungsweise, was es für Dich bedeutet. So wirst Du Schritt für Schritt weiterkommen und auch bemerken, dass es im Grunde gar nicht so schwer ist. Das bedeutet nicht, dass Du die Bedeutung von Zeitschriften oder dem Fernsehen übernehmen musst. Auf keinen Fall! Es geht in erster Linie darum, dass Du Deine eigene Definition von Schlagfertigkeit schaffst. Dabei solltest Du aber so genau wie möglich vorgehen. Welche Bilder hast Du im Kopf, wenn Du Dir eine schlagfertige Person vorstellst? Welches Gefühl bekommst Du, wenn Du Dich selbst dabei vorstellst, endlich das sagen zu können, was Du schon immer in Deinem Kopf hattest? Welche Rolle spielt Schlagfertigkeit in Deinem Leben? All das sind Fragen, die man sich unbedingt stellen sollte.
6) Visualisieren	Wissenschaftler haben über Jahre hinweg Spitzensportler beobachtet und untersucht, um herauszufinden, wie es sein kann, dass ganz bestimmte Spitzensportler ganz weit vorne stehen und die anderen nicht. Sie haben dabei eine ganz interessante Feststellung gemacht. Die besten Spitzensportler konnten ihr eigenes Ziel schon viel früher sehen, als sie es letztlich erreicht haben. Genau hier liegt der Schlüssel zum Ziel! Auch Du kannst Dich an dieser Stelle selber dabei vorstellen, wie Du zum Beispiel schlagfertig gegenüber Deinen Freunden oder Deiner Familie stehst.

7) Gegenbeispiel	Sehr oft schenken wir einer besonderen Sache sehr viel Glauben, weil wir uns bestimmte Beispiele für diese Sache suchen, um uns selbst davon zu überzeugen. Genau deswegen ist es wichtig, dass wir uns auch Gegenbeispiele suchen. Du kennst bestimmt auch in Deinem Umfeld sehr viele Menschen, die ohne Probleme selbstbewusst und schlagfertig auftreten können. Auch bestimmte Vorbilder können Dir dabei weiterhelfen schnell und einfach Gegenbeispiele für Deine eigene Realität zu finden.
8) Rahmenbedingungen schaffen	Wenn man seine eigene Schlagfertigkeit trainieren will, kann es von Vorteil sein, wenn man die richtigen Rahmenbedingungen schafft. Wenn man das macht, wird man Schritt für Schritt weiterkommen und auch verstehen, dass es im Grunde gar nicht so schwer ist. Wenn Du Dir am Anfang noch nicht so sicher bist, kannst Du auch Deinen Freunden und Deiner Familie von Deinen Zielen erzählen und erst mal in Deinem gewohnten Umfeld üben.
9) Entstehung hinterfragen	Die Entstehung von den eigenen Glaubenssätzen zu hinterfragen ist ein sehr wichtiger Schritt. So wird man immer weiterkommen und auch verstehen, dass man sich selber im Weg steht. Dazu gehört selbstverständlich auch ein bisschen Mut. Aber, wenn Du erst mal damit angefangen hast, wirst Du verstehen, dass es im Grunde gar nicht so schwer ist. Daher sollten wir uns zuerst immer selbst fragen, woher eigentlich diese Angst kommt, sodass wir im nächsten Schritt etwas dagegen unternehmen können.

10) Es sich selbst beweisen	Wenn man wirklich weiterkommen will und schlagfertiger vor anderen Menschen auftreten will, sollte man darauf achten, dass man es sich auch selbst beweisen kann. Man muss nicht direkt einen Meilenstein auf sich nehmen. Es reicht vollkommen aus, wenn man Schritt für Schritt vorgeht. Wenn man das macht, wird man sehr viel weiter kommen. Man wird ebenfalls bemerken, dass es einem selbst nicht mehr so schwer fallen wird, vor fremden Menschen schlagfertig zu werden, und das anzugehen, was man wirklich machen will!

Ist die Körpersprache wirklich alles?

Unser Körper und unsere Psyche arbeiten Hand in Hand zusammen. Gerade, wenn man schlagfertiger werden will, ist das besonders wichtig, denn man wird verstehen, dass man seinen Körper ganz bewusst dafür einsetzen kann, um sich besser zu fühlen und somit auch selbstbewusster vor anderen Menschen aufzutreten. Ich möchte an dieser Stelle eine kleine Übung mit Dir durchführen, damit Du Dir besser vorstellen kannst, was darunter zu verstehen ist.

Hierfür solltest Du Dir die Übung erst mal durchlesen und sie dann machen. Du wirst bemerken, dass Du somit einen sehr großen Schritt weiterkommen wirst und auch viel schneller und einfacher vor anderen Menschen schlagfertig auftreten kannst. Du solltest Dich erstmal vor irgendeinen Spiegel stellen, der in Deiner Nähe ist. Nun lässt Du Deine Schultern nach unten fallen, Dein Blick geht ebenfalls nach unten. Deine Aufgabe ist es nun für mindestens 3 Minuten in dieser Position zu verweilen und Dich dann selbst zu fragen, wie Du dich fühlst. Nicht so gut, oder?

Dann machen wir gleich mit der nächsten Übung weiter. Nun richtest Du Deine Schultern gerade auf. Der Blick geht gerade nach vorne und Du kannst Dir selbst klar in die Augen schauen. Du hast jetzt einen aufrechten Blick und Deine Blickwinkel gehen nach oben. Ich kann

Dir versichern, dass Du Dich spätestens nach wenigen Minuten wieder besser fühlen wirst. Und das einfach nur aus dem Grund, weil Du etwas an Deiner Körperhaltung geändert hast.

Auch, wenn Du im Alltag allgemein schlagfertiger werden willst, kannst Du hierfür Deinen eigenen Körper einsetzen. Du wirst bemerken, dass Du Schritt für Schritt weiterkommen wirst und es Dir auch nicht so schwer fallen wird, einfach das zu sagen, was Du im Kopf hast. Psychologen haben schon vor Jahren herausgefunden, dass unsere eigene Körperhaltung unsere Gefühle immens beeinflussen können. Genau aus diesem Grund sollten wir hier ansetzen. Du wirst bemerken, dass Du Schritt für Schritt weiterkommen wirst, und es Dir persönlich auch nicht so schwer fallen wird.

Ein Rundrücken schränkt nicht nur die Atmung ein, sondern sorgt auch noch dafür, dass man sich in dieser Körperhaltung einfach nicht wohlfühlt. Das strahlt man selbstverständlich auch aus, was die anderen Menschen um einen herum dann auch wahrnehmen. Auch ein Hohlkreuz sollte man so weit wie möglich vermeiden. Gerade am Anfang kann dies ziemlich das eigene Wohlsein einschränken und auch dafür sorgen, dass man sich einfach nicht mehr in seiner eigenen Haut wohlfühlt.

Eine selbstbewusste Körperhaltung kann man lernen und es nichts, was angeboren ist. Bestimme Powerposen werden einem dabei weiterhelfen sich schnell und einfach wieder wohlzufühlen. Gerade, wenn man noch kein starkes Selbstbewusstsein aufgebaut hat und noch im Prozess ist, wird einem das ziemlich schnell weiterhelfen.

Wenn man das Gefühl hat, dass es einem einfach nicht gut geht oder man nicht in der richtigen Stimmung ist, kann man dies für sich nutzen. Du wirst bemerken, dass Du Dich selber ziemlich schnell aus dieser Stimmung wieder herausholen kannst, wenn Du auch dafür bereit bist.

Auch, wenn Du einen wichtigen Termin hast, kannst Du eine Powerpose für Dich nutzen. Die richtige Körperhaltung wird dich auch in den richtigen Gefühlszustand bringen. Dieser wird Dir dann dabei weiterhelfen genau das zu erreichen, was Du eigentlich erreichen wolltest. Powerposing wurde zuerst in den USA richtig erkannt und auch von vielen bekannten Persönlichkeiten praktiziert. So ist es beispielsweise bekannt, dass Opra für ihre Shows sich immer physisch richtig auf die Show einstellt. Somit kann sie im Endeffekt viel einfacher in die richtige Stimmung kommen und auch dafür sorgen, dass sie beispielsweise auch ohne Bedenken, eine selbstbewusste und schlagfertige Antwort von sich geben kann.

Powerposing an sich basiert auf dem Prinzip „Fake it -till you make it". Du setzt also Deinen Körper ganz bewusst dafür ein, um bestimmte Emotionen zu erzeugen. Du kannst also Deinen Körper ganz bewusst dafür einsetzen, um Dich in eine positive Gefühlslage zu versetzen. Somit kannst Du beispielsweise auch ganz bestimmte Anker schaffen, die dafür sorgen, dass Du immer wieder auf Knopfdruck positive Gefühle aufrufen kannst.

Damit Du einen besseren Eindruck vom Powerposing bekommst, möchte ich Dir 2 Posen vorstellen, die sich in der Praxis ziemlich bewährt haben:

POWERPOSE 1: WONDER WOMAN

Hierbei solltest Du am Anfang darauf achten, dass Du die Beine schulterbreit auseinander stellst und die Arme in die Hüften stemmst. Die Brust sollte dabei rausschauen und das Kinn nach vorne oder sogar leicht nach oben recken. Hierbei solltest Du tief einatmen und Dir vorstellen, dass Du Bäume wortwörtlich ausreißen könntest.

POWERPOSE 2: MARATHONSIEGER

Wenn Du wirklich schon mal einen Marathon gelaufen bist, brauchst Du die folgenden Anweisungen im Grunde gar nicht. Die Arme kannst

Du nach oben werfen, Brustkorb heraus strecken und auch den Blick nach oben richten. Der Körper sollte angespannt sein, als hättest Du gerade die Ziellinie als Erster überschritten. Gerne auch „yes!" oder „woo-hoo!" rufen und jubeln oder wie verrückt grinsen! Es kann ein paar Minuten dauern, bis diese Pose wirkt, aber Du wirst bemerken, dass es Dir danach viel besser gehen wird!

Der radikal ehrliche Mittwoch - Du bist es wert!

Wir kennen das alle. Wir wollen eine bestimmte Sache angehen oder einer bestimmten Person die Wahrheit sagen, doch irgendwie kommen wir nicht dazu. Wie kommt das und was kann man an diesem Verhalten verändern? Es gibt ganz bestimmte Strategien, die man für sich anwenden kann, um weiter zu kommen. Eine davon heißt der radikal ehrliche Mittwoch!

Bei diesem Tag geht es darum, dass man keine Lügen anwendet. Auch keine Notlügen! Darüber hinaus steht aber im Mittelpunkt, dass man zu sich selbst ehrlich ist, und endlich das ausspricht, was man schon die ganze Zeit auf der Seele hat. Somit kann man sein eigenes Selbstwertgefühl stärken, indem man sich selbst zeigt, dass man gut genug ist und es auch schaffen kann.

Man wird auch von Mal zu Mal besser werden und auch verstehen, dass es im Grunde gar nicht so schwer ist. Wenn man schlagfertig werden will, will man endlich das aussprechen können, was man denkt. Man will zu sich, seiner Person und seinen Gedanken stehen können. Auch so eine Lebensart kann man sich antrainieren. Man muss einfach nur dazu bereit sein, daraus eine Gewohnheit zu machen. Auch Ehrlichkeit kann man trainieren und man wird bemerken, dass es gar nicht so schwer ist, wenn man einfach dazu bereit ist, über den eigenen Schatten zu springen.

Wenn man will, kann man auch Freunde und Familie in den radikal ehrlichen Mittwoch einbeziehen. So kann man gegenseitig lernen, sich öfter die Wahrheit zu sagen, und nicht mehr nach Ausreden und Notlügen zu suchen. Das wird nicht nur den eigenen Beziehungen, sondern auch dem Selbstbewusstsein gut tun. Wenn man erst mal in das Gefühl kommt, dass man nicht lügen muss, sondern einfach offen und ehrlich mit Menschen reden kann, wird man einen sehr großen Schritt weiter kommen.

Gerade für das eigene Unterbewusstsein und somit auch Selbstwertgefühl ist es von wichtiger Bedeutung, dass man versteht, keine Angst davor haben zu müssen, die Wahrheit zu sagen. Gerade, wenn man in seiner Kindheit immer wieder einschränkende Glaubenssätze von seinen Eltern hört, wie zum Beispiel: "Das kannst Du eh nicht", sollte man an dieser Stelle arbeiten, um wirklich weiter zu kommen. Auch für die eigene Schlagfertigkeit ist es von wichtiger Bedeutung, dass man nicht die ganze Zeit in Angst lebt. Wenn man die ganze Zeit in Angst lebt und sich zu viele Gedanken darüber macht, was alle anderen Menschen über einen denken, wird man nicht spontan und schlagfertig antworten können.

5 effektive Strategien für mehr Schlagfertigkeit

Selbstverständlich dürfen die richtigen Strategien nicht fehlen. Es ist natürlich wichtig, dass man ein festes Fundament aufbaut, aber dieses wird einen selber auch nicht weiterbringen, wenn man nicht die richtigen Werkzeuge zur Hand hat und genau darum wird es in diesem Kapitel gehen. Ich werde Dir 5 effektive Strategien mit an die Hand geben mit denen Du direkt schlagfertiger werden kannst. Gerade, wenn man noch am Anfang steht und noch kein allzu hohes Selbstbewusstsein aufgebaut hat, sind diese Strategien Gold wert!

Ich habe mich ganz bewusst für 5 verschiedene Strategien entschieden. Ein Weg ist nicht sofort für jeden geeignet. Man wird nicht von heute auf morgen zum Profi! Wenn Du wirklich wahre Schlagfertigkeit aufbauen willst, solltest Du auch die nötige Zeit und Energie mitbringen.

Wenn Du das machst, wirst Du im Endeffekt viel weiter kommen und auch verstehen, dass es im Grunde gar nicht so schwer ist.

Gerade im Alltag schlagfertig zu sein, kann eine echte Kunst sein. Umso wichtiger ist es, dass man es lernt und auch die richtigen Hacks zur Hand hat, die einem dabei weiterhelfen werden. Wichtig ist nur, dass man sich nicht auf eine einzige Strategie festsetzt. Manchmal kann es einfacher sein, wenn man zwischen verschiedenen Strategien ausprobiert und herausfindet, was für einen richtig funktioniert.

Strategie Nr. 1: "maßlos übertreiben"

Du kennst das bestimmt auch. Irgendjemand haut einen komplett dummen Spruch heraus und Du denkst dir: "Sag mal, geht`s noch?" Auch an dieser Stelle gibt es eine sehr interessante Strategie, die Du für Dich anwenden kannst. Du wirst auch merken, dass es im Grunde gar nicht so schwer ist, wenn Du es richtig machst. Die erste Strategie, die ich Dir vorstellen will, nennt sich "maßlos übertreiben".

Mit einer übertriebenen Zustimmung nimmst Du Deinem Sprecher die Macht und sorgst dafür, dass Du Dich selber in dieser Situation viel wohler fühlst. Somit kommst Du Stück für Stück weiter und wirst auch verstehen, dass es im Grunde gar nicht so schwer ist. Das Prinzip hinter dieser Strategie ist im Prinzip ziemlich einfach. Jedes Mal, wenn Du einen Vorwurf hörst, schießt Du einfach mit einem übertrieben "Stimmt" dagegen.

Somit signalisierst Du Deinem Gegenüber, dass Du die Situation und das, was er von sich gegeben hat, gar nicht richtig ernst nimmst. Ich kann Dir versichern, dass die meisten Menschen dann diesen Spaß nicht noch mal mit Dir wiederholen werden. Damit Du Dir ein besseres Bild von dieser Schlagfertigkeitsstrategie machen kannst, und Dir besser vorstellen kannst, was darunter zu verstehen ist, haben wir für Dich ein paar Beispiele angeführt.

So kannst Du maßlos übertreiben:

"Deine Krawatte ist krumm gebunden."

=> **"Du hast ja komplett recht. Ich wollte mich gerade aufhängen."**

"Siehst Du heute schlecht aus!"

=> **"Oh ja! Ich war heute Morgen beim Arzt und der wollte mir gerade den Totenschein ausstellen."**

"Sie sind doch nur ein Ossi."

=> **"Stimmt, haben Sie vielleicht ein Foto von einer Banane dabei?"**

"Sie haben unsere Kunden falsch beraten."

=> **"Ja genau, jetzt benutzt er den Staubsauger als Haarföhn."**

Es kann ein bisschen Übung benötigen, bis man diese Strategie wirklich drauf hat, denn Menschen bemerken sehr schnell, ob eine Person lügt oder es wirklich kann. Daher sollte man sich selbst auch ruhig die Zeit geben, um sich auszuprobieren und heraus zu finden, was für einen gut funktioniert und was nicht. Wenn Du einen guten Freund hast, dem Du vertraust, kannst Du ihn auch ganz einfach in diese Technik einweihen und ihr könnt zusammen sehr einfach üben. Gerade, wenn man vor fremden Menschen schlagfertig sein will, kann es nicht schaden, wenn man mit seinen Freunden ein bisschen übt.

Strategie Nr. 2: "Wäre Ihnen… lieber?"

Auch, wenn man bei dieser Strategie darauf achtgeben muss, dass man keine Schuldzuweisungen vornimmt, kann sie dennoch sehr effektiv sein, wenn man sie richtig einsetzt. Hierbei kommt es vor allem darauf an, dass wir Fragen stellen, die unseren „Gegner" dabei selbst in die Lage versetzen, seine Aussagen zu hinterfragen. Es geht bei dieser Strategie vor allem um Rückfragen. Diese kann man perfekt einsetzen, um weiter zu kommen und auch viel schneller und einfacher vor anderen Menschen schlagfertiger zu wirken.

Du verzerrst somit den Vorwurf so sehr, sodass Dein anderer Gesprächspartner gar keine andere Möglichkeit hat, um seine Aussage zurückzunehmen. Auch, wenn diese Strategie nicht immer passend ist, sollte man sie auf jeden Fall kennen, um so schnell und einfach wie möglich auf sie zurückgreifen zu können. Damit Du einen besseren Eindruck davon bekommst, wie diese Strategie aussehen kann, hier ein paar Beispiele.

So wendest Du die "Wäre Ihnen… lieber?" Strategie an:

- "Dein Projekt dauert schon viel zu lange."
  => "Wäre Dir lieber, ich würde Ihnen einen fehlerhaften Schnellschuss liefern?"

- "Komm doch nun endlich mal auf den Punkt. Du redest immer um den heißen Brei."
  => "Wäre Dir lieber, ich würde nur noch in Kurzform wie ein Fluglotse mit Dir reden?"

- "Du bist ein Geizkragen."
  => "Wäre Dir lieber, ich wäre am Monatsersten immer pleite?"

Strategie Nr. 3: "unerwartetes Zustimmen"

Rechtfertigen ist das Schlimmste, was man machen kann, wenn man wirklich schlagfertig wirken will und andere Leute schnell und spontan von sich selbst überzeugen will. Daher sollte man dies auch so schnell wie möglich vermeiden. Ein starkes Selbstwertgefühl kann man auf unterschiedliche Art und Weise zum Ausdruck bringen. Eine Strategie, die ich Dir jetzt vorstellen will, nennt sich "unerwartetes Zustimmen".

Man sollte nur wirklich hart ins Gericht gehen, wenn an der Werteordnung etwas zu zweifeln ist, und man wirklich auf verwerfliche Art und Weise beleidigt wird. Da dies aber im Alltag nicht so oft passiert, kann man diese Strategie schnell und einfach ohne große Bedenken anwenden. Die Technik dahinter ist ziemlich einfach und das Werkzeug harmlos. Trotzdem wird der Angreifer schnell und einfach auf den Boden geschlagen.

Das Gute an dieser Strategie ist, dass man sie so gut wie immer anwenden kann. Sie ist fast für jeden Satz einsetzbar und macht die Strategie an sich universal. Außerdem zeigt diese Methode, dass Du Dich selbst wertschätzt, da Du Deinem Gegner zeigst, dass Du Dich nicht rechtfertigen musst, sondern ganz einfach darüber stehen kannst. Das lässt Dich selber noch mal in einem komplett anderen Bild dastehen und sorgt dafür, dass Du auch nicht die mehr die ganze Zeit diskutieren musst.

Ich kann Dir versichern, dass es nichts Schlimmeres gibt, als wenn man die ganze Zeit mit einer Person diskutieren muss, die einen sowieso nur runter ziehen will. Diese Strategie beinhaltet sehr viel gesunden Sarkasmus, sodass Du im Grunde gar nicht verlieren kannst. Auch, wenn es vielleicht ein bisschen Zeit und Energie kosten wird, bis Du den Dreh richtig drauf hast, lohnt es sich auf jeden Fall! Du wirst auch bemerken, dass Du mit dieser Strategie der Situation eine ganz andere Stimmung geben kannst, und Dich selbst viel besser fühlen wirst, und auch keinen zu großen Druck auf den Schultern mehr lasten hast. Natürlich gehört es auch dazu, dass man sich selbst und sein eigenes Leben nicht todernst nimmt. Auch hier führen wir Dir selbstverständlich ein paar Beispiele an, damit Du einen besseren Überblick hast, und auch einen besseren Eindruck bekommst, wie man diese Strategie eigentlich anwenden kann.

Beispiele:

- "Ich glaube, Du bist schwul."
  => **"Na, Gott sei Dank."**

- "Du bist ein guter Beobachter …"
  => **"Daran wirst Du Dich gewöhnen müssen …"**

- "Du hast einen Fleck auf der Hose."
  => **"Gut beobachtet, kannst Du hinten auch mal schauen?"**

- "Wenn Du das mit nimmst, ist das aber gestohlen."
  => **"Na klar, was dachtest Du denn?"**

Strategie Nr. 4: "die Kunst nein zu sagen"

Wir leben in einer Welt, wo wir dazu erzogen wurden, zu allem und jedem „ja" zu sagen. Gerade als Kind erfahren wir eigene Abneigungen als unpassend und beleidigend, indem wir dafür entsprechend sozial sanktioniert werden. So was kann sich natürlich weiter in das Erwachsenenleben ziehen und auch dafür sorgen, dass man sich am Ende nicht mehr traut zu den kleinsten Dingen „nein" zu sagen.

Gerade Schuldgefühle spielen an dieser Stelle eine besonders große Rolle. Sie sorgen dafür, dass wir uns einfach nicht trauen das zu sagen oder zu machen, was wir eigentlich wirklich wollen. Und genau deswegen ist diese Art und Weise zu denken und zu leben so gefährlich. Die gute Nachricht ist jedoch, dass man genau an dieser Stelle ansetzen kann und dafür sorgen kann, dass man sich wirklich wohlfühlt. Wenn man darüber nachdenkt, ist es in Wirklichkeit gar nicht so schwierig, wie es sich die meisten Menschen vorstellen.

Man muss halt einfach nur dazu bereit sein, es wirklich zu tun und auch über seinen eigenen Schatten zu springen. Wir haben schon in einem vorherigen Kapitel darüber gesprochen, dass es vor allem unsere eigenen Ängste sind, die uns davon abhalten das zu machen, was wir eigentlich tun wollen. Deswegen ist es wichtig, dass wir genau diese Fähigkeit lernen. Das wird natürlich nicht so einfach sein, wenn man nicht alles kann, aber man wird bemerken, dass man von Schritt zu Schritt besser werden wird, und genau darauf kommt es an.

Man muss sich selbst immer wieder ins Bewusstsein rufen, dass man keinen Menschen beleidigt, wenn man einfach „nein" sagt. Wenn das innere Verlangen zu etwas größer ist, fällt es einem selbst immer leichter zu bestimmten Sachen „nein" zu sagen. Du wirst auch bemerken, dass es Dir persönlich von Mal zu Mal leichter fallen wird, und dass Du Dir im Grunde auch nicht zu große Sorgen machen musst, wenn Du erst einmal angefangen hast.

Daher solltest Du im ersten Schritt dafür sorgen, dass Du solche Sätze wie zum Beispiel: „Mach ich gerne für Dich", schnell aus Deinem Vokabular streichst, wenn Du es auch nicht wirklich so meinst. Somit tust Du Dir selber einen großen Gefallen und bringst Dich selbst auch nicht immer wieder in solche Situationen, wo Du das Gefühl hast, dass Du im Grunde keine andere Wahl hast, als „ja" zu sagen.

Du wirst auch merken, wenn Du das Wort "eigentlich" aus Deinem Wortschatz streichst, dass Du automatisch viel ehrlicher mit den Leuten umgehen wirst, und auch Dir selbst keinen zu großen Druck auf die Schultern setzt. Denn das ist es in den meisten Fällen was dazu führt, dass wir beispielsweise ganz bestimmte Sachen nicht angehen. Ausreden haben in Deinem Leben ab sofort nichts mehr zu suchen!

Strategie Nr. 5: indirekte Ausdrücke

Du kennst das bestimmt auch. Jemand sagt etwas zu Dir und Du überlegst Dir die ganze Zeit, ob er es auch wirklich so gemeint hat. Das ist das Geheimnis beziehungsweise die Kraft, hinter indirekten Ausdrücken oder Aussagen. Auch Du kannst sie für Dich nutzen, um weiter zu kommen und viel schneller und einfacher im Leben das zu erreichen, was Du eigentlich wolltest.

Mit den indirekten Ausdrücken ist es ein bisschen kniffliger, als mit den anderen Strategien. Du musst ein bisschen Zeit mitbringen, um diese Strategie auch wirklich zu verstehen und zu können. Ich kann Dir aber versichern, dass es sich auf jeden Fall auszahlen wird. Auch, wenn man an dieser Stelle ein bisschen üben muss, bis man den Dreh richtig drauf hat, zahlt es sich auf jeden Fall aus.

Auch die eigene Mimik sollte an dieser Stelle auf keinen Fall unterschätzt werden, denn diese vergessen sehr viele Menschen. Ein ironischer Blick kann Einiges bewirken und Dich mit Deinem Satz schon gleich viel schlagfertiger aussehen lassen. Daher solltest Du an diesem Punkt auch immer arbeiten, um weiter zu kommen und das zu erreichen, was Du Dir wirklich vorgenommen hast.

Du kannst indirekte Ausdrücke auch ganz einfach in spannende Geschichten verpacken. Somit machst Du das Ganze noch ein bisschen interessanter und nimmst der Situation auch die ernste Anspannung. Du wirst auch merken, dass das Dein Gesprächspartner direkt bemerken wird, und alles danach ganz anders wahr nehmen wird. Gerade, wenn man das Gefühl hat, dass einem eine Person nicht respektvoll wahrnimmt, kann man mit dieser Strategie richtig gut punkten und dafür sorgen, dass man einen ganz anderen Eindruck hinterlässt.

10 Übungen & Tipps für mehr Schlagfertigkeit

Wir machen auch gleich mit den nächsten Tools weiter! Da wir schon ein festes Fundament mit Deinen eigenen Glaubenssätzen aufgebaut haben, können wir nun im nächsten Schritt die Säulen aufsetzen. Du wirst auch merken, dass Du einen großen Schritt weiterkommen wirst, wenn Du ein bisschen mit Dir alleine übst.

Es spricht überhaupt nichts dagegen, Schlagfertigkeit mit sich selbst zu üben! Ganz im Gegenteil! Es wird Dir sogar dabei weiterhelfen, dass Du viel schneller und einfacher auf Menschen zugehen kannst, und Dich auch nicht mehr hinter irgendeiner Maske verstecken musst.

Wenn wir mal ehrlich zu uns selber sind, mag das keiner wirklich! Jeder will das sagen, was er wirklich denkt und genau deswegen ist es wichtig, dass wir genau diese Eigenschaft trainieren. Die folgenden 10 Tipps und Übungen werden Dir genau hierbei weiterhelfen!

1. Wissen ist Macht!

Wir leben in einem Informationszeitalter! Noch nie waren Informationen so wichtig wie heutzutage! Man kann ein Infobusiness im Internet aufbauen oder mit Informationen an einer Universität lehren. Eine Sache steht fest: **Wissen ist Macht!** Hierbei ist es nicht nur wichtig, dass man dieses Wissen hat, sondern auch wie man mit diesem Wissen umgehen kann. Das „Wie" spielt heutzutage eine viel größer Rolle. Es kommt nicht darauf an, dass Du diesen einen Spruch kennst. Es ist viel wichtiger, dass Du eine bestimmte Strategie entwickelst. Wenn Du das auf diese Art und Weise machst, wirst Du einen sehr großen Schritt weiter kommen und auch verstehen, dass Du Dein eigenes Wissen viel besser nutzen kannst.

2. Mache Dir vorher Gedanken

Sehr oft können wir einfach nicht spontan das sagen, was wir denken, weil wir in Stress verfallen. Umso wichtiger ist es, dass wir genau diese Angst angehen. Somit können wir einen sehr großen Schritt weiterkommen und sorgen auch dafür, dass wir viel lockerer und entspannter so einer Situation gegenübertreten können. Gerade, wenn man viel auf fremde Menschen trifft, kann es für einen selbst eine sehr große Erleichterung sein, einfach weiter zu kommen, indem man sich vorher Gedanken über die Situation macht. Hierbei ist es natürlich wichtig, dass man nicht alles überdenkt! Damit macht man nur seinen eigenen Kopf kaputt und das bringt einen selbst keinen einzigen Schritt weiter. Sich vorher Gedanken darüber zu machen, welche Strategien man zur Verfügung hat, kann einem selbst sehr viel Stress nehmen. Du wirst auch merken, dass es Dir selbst viel besser gehen wird und, dass Du viel einfacher und schneller das erreichen kannst, was Du willst. Es gibt an dieser Stelle einen ganz **besonderen Trick,** den man anwenden kann, um sich so viel Stress und Angst wie möglich von den Schultern zu nehmen. Sehr oft malt uns unser Kopf die schlimmsten Situationen aus. Deswegen kann es nicht schaden, wenn man sich einfach das Worst Case Szenario vor den Augen führt und sich dann die Frage stellt: „Und dann?" Den meisten Leuten fällt an dieser Stelle schon eine Antwort ein, und genau hier liegt **der Trick!** Dein Gehirn versteht, dass es nicht sterben wird, und nimmt Dir selbst physisch wie auch psychisch viel mehr Stress.

3. Trainiere Dein Reaktionsvermögen

Einfach, nur im Affekt zu handeln kann nur hilfreich sein, wenn man schon von Natur aus schlagfertig ist und auch keine Probleme damit hat, seine eigene Schlagfertigkeit von Knopfdruck herbeizurufen. In der Regel ist jedoch zu empfehlen, dass man sein eigenes Reaktionsvermögen trainiert. So kommt man einen sehr großen Schritt weiter und wird auch bemerken, dass man sich selber nicht mehr so viel Stress machen wird, wenn man in seinem Leben allgemein schlagfertiger werden will. Wenn man sich immer wieder vor Augen führt, welchen Zugriff man hat, wird es einem sehr viel leichter fallen, auch in spontanen Situationen schlagfertig zu reagieren. Dein Unterbewusstsein weiß nämlich an dieser Stelle, dass Du viele verschiedene Werkzeuge hast, derer Du Dich bedienen kannst!

4. Assoziieren

Vorbereitung ist auch an dieser Stelle die halbe Miete! Daher sollte man damit so schnell wie möglich anfangen! Hierbei kannst Du es Dir bequem in Deinen eigenen Gedanken machen. Somit kommst Du Schritt für Schritt weiter und sorgst auch dafür, dass Du Dich im Endeffekt viel besser und einfacher in die Situation hineinversetzen kannst. Nun kannst Du Dir eine Situation vor Deinem inneren Auge hervorrufen, wo Du schon mal eine verbale Ohrfeige bekommen hast. Wenn Du magst, kannst Du Dir an dieser Stelle selbstverständlich auch eine Situation ausdenken. Wichtig ist nur, dass Du Dir dann auch die jeweiligen Gefühle aufrufen kannst. Diese Übung kann ein bisschen Zeit und Energie mit sich bringen, aber ich kann Dir versichern, dass es sich auf jeden Fall lohnen wird, und dass Du schon nach wenigen Schritten einen großen Meilenstein hinter Dir lassen kannst. Wenn Du magst, kannst Du an dieser Stelle auch eine vertraute Person zu Dir ziehen. Diese kann dann mit Dir üben und Dir auch die verbale Ohrfeige geben. Auch das kann ein bisschen Zeit mit sich bringen, denn nicht von Anfang an wird man zum Profi! **Die Übung mit Deinem besten Freund kann wie folgt aussehen:** Dein bester Freund verpasst Dir eine verbale Ohrfeige. Deine Aufgabe besteht nun darin, humorvoll und sachlich entgegen zu kommen. Diese Übung kann ehrlich gesagt ein bisschen Zeit beanspruchen. In sehr vielen Situationen sind wir nämlich schnell emotional angegriffen, sodass wir uns selbst gar nicht mehr trauen, einfach humorvoll zu antworten. Daher solltest Du diese Situation auch als eine Übung ansehen, die Du beliebig oft wiederholen kannst.

5. Besorge Dir eine Zitatensammlung

Gerade im Alltag können Zitate und Redewendungen von großer Hilfe sein. Sie helfen Dir aus Deinen gefangenen Gedanken heraus zu kommen, und Dir auch mal schnell einen schlagfertigen Satz zu schnappen, wenn es notwendig ist. Auch Zitate können Dir helfen Kraft zu tanken, sodass Du auch in spontanen Situationen schnell und einfach schlagfertig antworten kannst. Damit Du es an dieser Stelle ein bisschen leichter hast und auch weißt, worauf Du Dich einlassen kannst, haben wir für Dich ein paar Sprüche zusammengestellt. Selbstverständlich muss nicht jeder Spruch zu Dir passen. Trotzdem bekommst Du ein paar Beispiele, damit Du einen besseren Überblick hast, und viel besser und konkreter mit einer Situation umgehen kannst:

„Tolle Zähne, gibt's die auch in Weiß?"
=> **„Tolles Gesicht, gibt's das auch in Schön?"**

„Du fette Sau."
=> **„Sag mal, hab ich die Null gewählt?"**

„Du siehst heute aber alt aus."
=> **„Aber immer noch besser als Du!"**

„Du bist ja gar nicht von Deinen Eltern, Du bist ja nur adoptiert."
=> **„Mich konnten sie wenigstens aussuchen, Dich mussten sie nehmen, wie Du warst."**

„Tja, da musst Du noch viel lernen!"
=> **„Aber nicht von Dir, das ist so gut wie unmöglich!"**

Es gibt natürlich viele verschiedene Sprüche, die man an dieser Stelle verwenden kann. Es kann auch nicht schaden, wenn man sich einfach selber ein paar Sprüche überlegt. Wenn Du ein bisschen Inspiration haben möchtest und herausfinden willst, was am besten für Dich gemacht ist, empfehle ich Dir, noch mal einen Blick in die 5 Strategien zu werfen!

6. Lerne von Anderen

Jeder von uns kennt diese Menschen. Sie kommen in einen Raum und ziehen direkt alle Blicke auf sich. Sie brauchen auch nicht lange zu überlegen, was sie sagen wollen, da sie fast immer eine Antwort parat haben. Vielleicht hast Du auch so einen Menschen in Deinem Freundes- oder Bekanntenkreis. Falls das der Fall ist, solltest Du auf jeden Fall von diesem Menschen lernen.

Da unser Selbstbewusstsein durch soziale Konditionierung ziemlich eingeschränkt ist, wird jemand in der Regel nicht über Nacht schlagfertig. Es kann auch sehr gut sein, dass die Menschen, die Du als sehr schlagfertig siehst, jahrelang an sich selbst gearbeitet haben. Daher kannst Du von diesen Menschen am besten lernen. Du wirst auch bemerken, dass sie komplett anders mit Dir umgehen werden, wenn sie Dir vertrauen.

Auch Talkrunden können dabei helfen Deine Kommunikationsfähigkeiten zu verbessern, und dafür zu sorgen, dass Du in spontanen Situationen schnell und einfach antworten kannst. Auch das braucht ein bisschen Zeit. Du wirst in den meisten Fällen nicht über Nacht zum Profi werden. Trotzdem sollte man diese Gelegenheiten nutzen, um weiter zu kommen und viel schneller und einfacher das zu erreichen, was man auch wirklich will. Man wird nach gewisser Zeit auch ziemlich schnell bemerken, dass man Schritt für Schritt weiterkommen wird. Talkrunden eignen sich hierfür perfekt, da man beispielsweise irgendein aktuelles Thema nehmen kann, und dann mit seinen besten Freunden oder seiner eigenen Familie diskutieren kann. Somit kommt man nicht nur einmal gut zusammen, sondern sorgt auch dafür, dass man seine eigene Schlagfertigkeit einfach und schnell trainieren kann.

7. Aus Fehlern lernen

Fehler werden in unserer heutigen Gesellschaft vollkommen falsch verstanden. Sie werden als etwas angesehen, was man am besten verstecken soll. Die Wahrheit ist jedoch, das Fehler das größte Potenzial bilden, um aus ihnen zu lernen. Das benötigt ein bisschen Bereitschaft, aber Du wirst bemerken, dass Du damit einen großen Fortschritt machen wirst, und auch viel einfacher und schneller das erreichen kannst, was Du wirklich willst. Jeder von uns hat sich schon mal darüber geärgert, dass ihm oder ihr in einer Situation keine passende Antwort eingefallen ist. Du kennst solche Situationen bestimmt auch sehr gut. Genau deswegen ist es wichtig, dass wir aus solchen Situationen lernen, um das Beste herauszuholen und dafür zu sorgen, dass wir schnell und einfach in der nächsten Situation eine passende Antwort finden. Die beste Art und Weise, um aus solchen Situationen zu lernen, ist es, sich genau diese Situation noch mal vor Augen zu rufen. Hierfür solltest Du Dir einen Zeitpunkt suchen, wo Du vollkommen zur Ruhe kommen kannst, und auch nicht die ganze Zeit von externen Dingen beeinträchtigt wirst. Du wirst bemerken, dass Du damit einen sehr großen Schritt weiter kommen wirst, und auch viel schneller und einfacher das erreichen wirst, was Du eigentlich erreichen willst. Wenn Du Dich wirklich von Deinem Stress befreist, kannst Du nämlich im Endeffekt eine viel bessere Antwort finden, die zu Dir passt und auch dafür sorgt, dass Du in der nächsten Situation nicht aufgeschmissen bist.

8. Zeige Humor!

Auf das Thema „Humor" werde ich noch mal in einem separaten Thema eingehen. Humor ist ein sehr wichtiger Faktor, wenn man wirklich schlagfertig werden will. Das vergessen die allermeisten Menschen, denn es ist in Wirklichkeit nicht immer einfach humorvoll zu sein. Gerade, wenn man eine bestimmte Sache einfach zu ernst nimmt, kann das dazu führen, dass man den Humor total verliert. Genau deswegen ist es wichtig, dass man seinen eigenen Humor immer wieder trainiert und auch dafür sorgt, dass man nicht alles ernst nimmt, was einem an den Kopf geworfen wird. Das kann wahrscheinlich einer der schwierigsten Aufgaben beziehungsweise Hürden in unserem Leben sein. Wir leben nämlich in einer Gesellschaft, wo wir uns mit allem und jedem identifizieren. Wir wollen immer etwas sein, da wir uns ansonsten einreden, dass wir einfach nicht gut genug sind. Der Psychoanalytiker Erich Fromm hat das in seinem Buch „Haben und Sein" ziemlich gut auf den Punkt gebracht. Wenn wir aufhören, die ganze Zeit zu denken, dass wir nur etwas sind, wenn wir etwas haben, kommen wir einen sehr großen Schritt weiter. So können wir auch eine gesunde Selbstironie entwickeln, was uns vor anderen Menschen gleich viel schlagfertiger aussehen lässt. Mit Humor kannst Du strenge Aussagen ganz einfach und schnell entschärfen. Einfach ausprobieren! Ein bisschen Humor hat noch niemanden geschadet!

9. Mit Fragen Zeit gewinnen

Wenn wir in manchen Situationen einfach nicht wissen, was wir sagen sollen, können wir das durch einen einfachen Trick ändern, und zwar durch Fragen! Fragen helfen uns in brenzlichen Situationen Zeit zu gewinnen, und unser Gegenüber ins Grübeln zu versetzen. Ich habe diese Strategie selbst erst vor ein paar Monaten getestet und war schon nach wenigen Sekunden von dem Ergebnis überrascht! Damit Du Dir an dieser Stelle auch besser vorstellen kannst, was darunter zu verstehen ist, will ich Dir ein paar Beispiele anführen:

- **Wie kommst Du denn jetzt darauf?**

- **Kannst Du mir das ein bisschen genauer erläutern?**

Wenn Du gerade einmal nicht weißt, was Du sagen sollst, kannst Du diese Fragen perfekt in Einsatz bringen. Sie werden Dich auch weiterbringen und dafür sorgen, dass Du mehr Zeit hast, um eine passende Antwort zu finden. Ich kann Dir garantieren, dass es sich auf jeden Fall lohnen wird und auch dafür sorgen wird, dass Du Schritt für Schritt weiterkommst. Gerade in Gesprächen mit Fremden kann man solche einfachen Fragen perfekt einsetzen! Sie greifen keinen Menschen persönlich an und sorgen dafür, dass Du ganz schnell und einfach das erreichen kannst, was Du auch willst.

10. Es ist noch kein Meister der Schlagfertigkeit vom Himmel gefallen

Auch Rom wurde nicht an einem Tag erbaut. Jeder will schlagfertig sein und einfach das sagen, was seinem im Kopf herumschwirrt. Hierbei sollte man jedoch nicht das Gespür zur Realität verlieren. Gerade, wenn man noch am Anfang steht und ein bisschen trainieren will, sollte man sich ruhig ein bisschen Zeit lassen, um Schritt für Schritt weiter zu kommen. Somit brauchst Du Dir auch über Deine eigene Schlagfertigkeit keine Sorgen zu machen. Es ist natürlich wichtig, dass Du sie immer wieder trainierst, aber Du wirst bemerken, dass sich nicht alles von heute auf morgen verändern wird und das ist auch vollkommen in Ordnung! Nimm dir die Zeit, um wirklich schlagfertig zu werden!

Humor

Einen natürlichen Sinn für Humor zu haben, kann einem in vielen Situationen weiterhelfen. Nicht nur vielen Politikern hat Humor weitergeholfen, sich aus unangenehmen Situationen heraus zu helfen, sondern auch alltäglichen Menschen. Gerade in sozialen Situationen wird immer wieder geschaut, ob es eine Person zu ernst nimmt, oder auch über sich selbst lachen kann. Wenn man nämlich immer alles ernst nimmt, kann das zur Folge haben, dass man sehr schnell die Macht seinem „Gegner" übergibt, obwohl man das eigentlich vermeiden wollte. Genau deswegen sollte man sich darüber bewusst werden, um genau an dieser Stelle anzusetzen.

Es gibt ganz bestimmte Techniken und Tipps, die Du anwenden kannst, um mehr Humor zu entwickeln. Du musst einfach nur dazu bereit sein mehr zu machen, und auch über Deinen eigenen Schatten zu springen. Wir haben schon am Anfang dieses Buches festgestellt, dass sich sehr viele Menschen bei ihren eigenen Zielen und Träumen im Weg stehen. Sie denken, dass sie beispielsweise noch nicht gut genug sind, oder eine Eigenschaft entwickeln müssen, die eine andere Person in ihrem Umfeld hat.

Die Wahrheit ist jedoch, dass das alles Schwachsinn ist! Wenn Du nicht dazu bereit bist, genau jetzt etwas zu ändern, wird sich in der Regel auch nichts für Dich ändern. Gerade, wenn es um das Thema Humor geht, muss man dazu bereit sein, sich erstmal mit sich selbst wohlzufühlen. Wenn man die ganze Zeit mit sich selbst zu hart ins Gericht geht, wird man keinen einzigen Schritt weiterkommen und auch nicht vor anderen Menschen schlagfertig auftreten können. Daher sollten wir im ersten Schritt daran arbeiten, dass man sich mit sich selbst wohlfühlt. Damit Du es an dieser Stelle ein bisschen einfacher hast, habe ich für Dich ein paar Stichpunkte festgehalten, die Dir genau dabei weiterhelfen werden:

- Fange einfach damit an, mehr zu lächeln und zu lachen. Lachen ist ansteckend und hilft dabei, Stress bei anderen und Dir selbst zu verringern.

- Öffne Dich auch anderen gegenüber, indem Du eine etwas

peinliche Geschichte von Dir selbst preisgibst.

- Sei mit selbstironischen Witzen allerdings vorsichtig, falls sie anderen oder Dir selbst ein unbehagliches Gefühl dabei geben könnten. Du solltest Dir immer wieder vor Augen führen, wie Du Dich selbst dabei fühlst!

Du kannst Deinen Humor jeden Tag neu entdecken. Du musst nur damit anfangen! Auch erfolgreiche Komiker orientieren sich jeden Tag an neuen Sachen. Somit lernt Dein Gehirn, sich auch nicht die ganze Zeit an eine Sache festzuhalten. Auch im eigenen Umfeld kann man perfekt lernen. Man muss nur die nötige Bereitschaft mitbringen. Damit Du auch im Alltag einfacher und schneller Humor entwickeln kannst, habe ich ein paar Tipps für Dich zusammengestellt:

- Denke an etwas, das Dich selbst wirklich zum Lachen bringt. Wenn Du etwas witzig findest, dann teile es auch mit einem Freund, der einen ähnlichen Sinn für Humor hat, wie Du.

- Setze Dir das Ziel, jeden Tag 6 lustige Dinge auszumachen, die Du gesehen hast, oder Dir selbst widerfahren sind. Nach einer gewissen Weile wird es völlig normal für Dich sein, humorvolle Dinge in den banalsten Situationen zu erkennen.

- Lass Dich von absurden und auch komischen Aspekten des alltäglichen Lebens inspirieren, so wie beliebte Musik, Modetrends oder Urlaubstraditionen.

- Lenke die Aufmerksamkeit auf immer wieder ungewöhnliche Zusammenhänge oder Geschehnisse in den Nachrichten. Werbung, Zeitungsüberschriften und Schilder sind großartige Vorlagen für (beiläufigen, ungeplanten) Humor.

Auch das richtige Umfeld spielt hierbei eine besonders große Rolle. Du hast bestimmt auch schon mal davon gehört, dass die 5 Leute, mit denen wir am meisten Zeit verbringen, uns am meisten prägen. An dieser Aussage ist in den meisten Fällen mehr dran, als die meisten Menschen wahrhaben wollen. Auch, wenn Du schlagfertig werden willst, kannst Du das im Grunde sehr einfach und effektiv trainieren. Du musst Dich nur mit dem richtigen Umfeld umgeben. Witzige und humorvolle Freunde können Dich sofort in eine ganz andere emotionale Lage versetzen. Diese Menschen haben beispielsweise eine ganz andere Stimmlage und nehmen auch viele Sachen nicht todernst. Wenn es Dir persönlich sehr schwer fällt, Humor zu entwickeln, solltest Du Dich genau mit diesen Menschen umgeben. Es gibt auch eine ganz bestimmte Strategie, die Du von diesen Menschen wieder lernen kannst, die ich Dir nun selbstverständlich vorstellen möchte:

- Richte Deine Aufmerksamkeit immer wieder auf drei Dinge, welche sie sagten, die Du lustig fandst. Später reflektiere, warum sie lustig waren. War es die Stimmlage? Der komödiantisch passende Zeitpunkt? Oder die eigensinnige, beziehungsweise kreative Sicht, von etwas?

- Mache es Dir auch zur Angewohnheit, mehr Zeit mit lustigen Menschen zu verbringen und gib ihnen ebenso die Möglichkeit, an Deinen eigenen witzigen Geschichten teilzuhaben.

Das NLP hat schon vor Jahren herausgefunden, dass unsere Spiegelneuronen dafür sorgen, dass wir ganz bestimmte Muster und auch sprachliche Fertigkeiten von anderen Menschen, mit denen wir uns umgeben, kopieren und übernehmen können. Gerade bei kleinen Kindern ist diese Eigenschaft ziemlich intensiv und stark ausgeprägt. Man wird auch bemerken, dass man einen sehr großen Schritt weiterkommen wird, und es auch viel schneller und einfacher fallen wird, Humor zu entwickeln, wenn man sich mit humorvollen Menschen umgibt. Gerade die Stimmlage von diesen Menschen wird unser Unterbewusstsein viel einfacher übernehmen. Aber auch die Sichtweise auf sehr viele Dinge bleibt nicht einfach so stehen. Unser Unterbewusstsein speichert im Grunde alles!

Witzig zu sein kann eine echte Übung sein, aber es ist auf keinen Fall unmöglich. Man muss nur die Bereitschaft haben, wie auch sich trauen, in der Öffentlichkeit über den eigenen Schatten zu springen. Humor zu entwickeln, bedeutet auch sich ein Stück mehr und mehr zu akzeptieren. Wer sich selbst akzeptieren kann, wird einen sehr großen Schritt weiterkommen, und auch dafür sorgen, dass man im Endeffekt viele Situationen nicht mehr so ernst nimmt und ganz einfach und schnell wieder auflockern kann.

Gerade im Alltag sind wir sehr oft auf bestimmte Dinge fokussiert, sodass wir es uns gar nicht mehr erlauben humorvoll zu sein, und über ganz bestimmte Sachen Witze zu reißen. Man sollte natürlich darauf achten, dass man keinen Menschen beleidigt. Humor bedeutet jedoch, dass man genau das einsieht und auch dazu bereit ist, eigene Ansichten infrage zu stellen.

Wenn es einem wirklich seelisch und körperlich gut geht, braucht man nicht einfach so andere Menschen herunterzumachen. Das ist ein Fakt! Man wird sich selbst auch nicht todernst nehmen! Genau deswegen ist es wichtig, dass man vor allem im Alltag immer wieder Humor übt, um sich selbst die Angst zu nehmen, und dafür zu sorgen, dass man sich nicht die ganze Zeit Gedanken darüber macht, was andere Menschen über einen denken. Ich kann Dir versichern, dass Dich das nicht nur schlagfertiger, sondern auch ein großes Stückchen selbstbewusster machen wird.

Schlagfertig als Frau? Aber doch, selbstverständlich!

Die Frauen haben in den letzten 100 Jahren eine ziemlich starke Entwicklung durchgemacht! Auch, wenn sich unser Frauenbild in den letzten 100 Jahren ziemlich stark zum Positiven verändert hat, scheinen sich Frauen dennoch nicht so stark zu trauen aus sich heraus zu kommen, wie das beispielsweise bei Männern der Fall ist. Doch woher kommt das und wie kann man etwas daran verändern?

Wenn man Frauen und Männer beobachtet, kann man ziemlich schnell feststellen, dass es sehr grundlegende Unterschiede zwischen diesen Geschlechtern gibt. Während Frauen immer noch mit Gefühlen agieren, denken die Männer eher mit ihrem Kopf. Das kann selbstverständlich auch viele verschiedene Auswirkungen mit sich tragen.

So können sich Frauen beispielsweise auch viel leichter und einfacher angegriffen fühlen. Das liegt vor allem in erster Linie daran, dass Frauen Aussagen erst mal emotional aufnehmen. Das kann positive wie auch negative Auswirkungen mit sich tragen. Wichtig hierbei ist, dass man erst mal mit Vorsicht vorgeht, um schnell und einfach das zu erreichen, was man auch wirklich will. Somit braucht man sich auch keine allzu großen Sorgen zu machen und wird auch bemerken, dass man einen sehr großen Schritt weiterkommen wird.

Gerade für Frauen selbst stellt es anscheinend ein sehr großes Problem dar, wenn sie schlagfertig und selbstbewusst antworten wollen. Doch woran liegt das? Wenn Frauen in ihre Vergangenheit zurückschauen, bemerken sie vor allem eine Sache: Sie wurden immer dazu erzogen brav und niedlich zu sein, aber niemals ihre wahre und echte Meinung zum Ausdruck zu bringen!

Das so eine Erziehung sich nicht gesund auf das Wohlsein einer Frau auswirken kann, sollte verständlich sein! Daher sollten die Ladys unter uns endlich lernen aufzustehen. Wenn man das macht, kommt einen sehr großen Schritt weiter und wird als Frau bemerken, dass man sehr wohl seine eigene Meinung zum Ausdruck bringen kann. In den meisten Fällen sind es nur die limitierenden Glaubenssätze, die dafür sorgen, dass man beispielsweise nicht einfach locker und ehrlich auf einen Mann zugehen, und auch seine Meinung schlagfertig zum Ausdruck bringen kann.

Falls Du eine Frau bist, und Probleme damit hast, schlagfertig zu werden, würde ich Dir empfehlen, Deine eigenen Glaubenssätze immer wieder zu hinterfragen und Dich auch zu fragen, ob alles so richtig läuft, wie Du es Dir gerade vorstellst. Die eigenen Glaubenssätze immer wieder zu hinterfragen und herauszufinden, was man wirklich im Leben will, kann einem im Leben ziemlich weiterbringen.

Gerade Frauen haben Probleme damit das zum Ausdruck zu bringen, was sie wirklich wollen. Das muss nicht sein! Auch hier ist es nur eine Frage der Übung, bis man es drauf hat und auch wirklich versteht, was für einen gut ist. Gerade als Frau ist es wichtig, dass man sich und seine eigenen Bedürfnisse kennt. So kann man beispielsweise auch viel schlagfertiger antworten, wenn man bemerkt, dass ein Mann zu weit geht, oder einen kleinmachen will.

Hierfür muss man sich aber zuerst selbst kennen. Auch Frauen bringt es nichts, wenn sie sich das schönste Outfit anziehen, aber sich in ihrem Inneren nicht wirklich wohlfühlen. Genau deswegen war es mir persönlich sehr wichtig, dass wir an diesem Punkt ansetzen. Frauen wird sehr oft ein sehr genaues Bild vorgelebt, wie sie sich zu verhalten haben.

Das kann sich später selbstverständlich auch negativ auf die eigene Entwicklung auswirken und dafür sorgen, dass man nicht einfach das sagen kann, was man wirklich denkt. Dieses Denken beziehungsweise diese Gewohnheit kann man sich aber immer mehr abtrainieren. Man muss einfach nur die Bereitschaft mitbringen und auch dazu bereit sein etwas an sich selbst zu verändern.

Für viele Frauen kann das auch bedeuten, dass sie vielleicht ihr Weltbild mehr oder weniger infrage stellen müssen. Ganz gleich, was es ist. Wenn es Dich persönlich als Frau stärker macht, solltest Du dem auf jeden Fall nach gehen, denn Du wirst bemerken, dass Du einen großen Schritt weiterkommen wirst und auch viel schneller und einfacher auf Menschen zugehen kannst.

Auch die eigene Meinungsbildung spielt hierbei eine besonders große Rolle! Wenn Du eine Frau bist, brauchst Du Dir nicht ständig von

Deinen Freundinnen oder Deiner Familie sagen zu lassen, was Du zu denken oder fühlen hast. Du kannst das für Dich selbst entscheiden! In den meisten Fällen macht es Sinn, wenn man sich als Frau ein starkes Umfeld sucht. Wenn man die ganze Zeit nur Freundinnen um sich hat, die lästern, muss man sich nicht wundern, wenn man das selbst nach einer gewissen Zeit tut.

Wenn Du als Frau schlagfertig werden willst, musst Du zuerst an Dir selbst arbeiten. Einfach nur irgendwelche Sprüche auswendig zu lernen, ist ziemlich sinnlos und bringt Dich persönlich auch nicht weiter. Wenn Du kein Fundament hast, auf dem Du bauen kannst, solltest Du Dich erst mal genau um dieses Fundament kümmern.

Das wird Dich nämlich wirklich weiterbringen und auch dafür sorgen, dass Du viel einfacher und schneller schlagfertig antworten kannst. Somit machst Du Dir beispielsweise nicht die ganze Zeit Sorgen, was andere Menschen über Dich denken, sondern kennst Deine eigenen festen Werte, und kannst auch auf diese vertrauen. Gerade für Frauen sind eigenständige Werte ziemlich wichtig, da sie sich ansonsten ziemlich von ihren Gefühlen leiten lassen. Daher solltest Du genau damit anfangen, um wirklich schlagfertig zu werden!

Ein kleines Schlusswort zum Ende!

Danke, dass Du bis hierhin mitgelesen hast! Das zeigt, dass Du auf jeden Fall die Bereitschaft hast, um schlagfertiger und selbstbewusster durchs Leben zu gehen! Wichtig ist für Dich zu verstehen, dass so ein Prozess nicht von heute auf morgen stattfindet. Es braucht Zeit und Energie und es kann auch sehr gut sein, dass nicht direkt am Anfang alles so laufen wird, wie Du es Dir vorgestellt hast.

Trotzdem ist es wichtig, dass man dran bleibt. Wenn Du Dich am Anfang noch nicht so wohl fühlst und das Gefühl hast, dass Du etwas ändern willst, kannst Du beispielsweise auch ganz einfach mit Deinen Freunden üben. Diese werden Dir dabei weiterhelfen, Dich einfach in eine spontane Situation hineinzuversetzen, sodass Du dann viel einfacher und schneller in genau so einer Situation keinen Stress mehr bekommst, sondern spontan reagieren kannst.

Gerade Spontanität ist eine wichtige Eigenschaft, die wir unbedingt erlernen müssen. Die meisten Menschen haben einfach Angst, was andere Menschen über einen selbst denken könnten. Die Wahrheit ist jedoch, dass man genau diese Angst abtrainieren kann. Man muss einfach nur dazu bereit sein. Eine Gewohnheit umzustellen kann Zeit und Energie erfordern, aber dafür fühlt man sich selbst danach besser und kann mit spontanen Situationen viel besser umgehen.

Wenn wir nämlich ehrlich zu uns sind, sind es genau die unplanbaren Situationen, die uns Angst machen. Wir können sie einfach nicht zuordnen und haben auch keine Möglichkeit, um uns richtig und explizit auf sie vorzubereiten. Wenn man jedoch anfängt, sich diese Angst von seinen Schultern zu nehmen, wird man bemerken, dass man einen großen Schritt weiterkommen wird und auch viel schneller und einfacher das erreichen wird, was man will.

Schlagfertigkeit kann einer Frau, wie einem Mann, im Leben ziemlich weiterhelfen und auch dafür sorgen, dass man viel einfacher und schneller dahin kommen kann, wo man es auch will. Du solltest Dir vor Augen führen, dass diese Entwicklung auf keinen Fall ein Sprint ist. Es ist vielmehr ein Marathon.

www.ingramcontent.com/pod-product-compliance
Lightning Source LLC
Chambersburg PA
CBHW050023230526
45470CB00003B/1105